有元葉子の「和」のお弁当

東京書籍

はじめに

　私にとって食べたい、作りたいお弁当はなんといっても「和」のお弁当です。おかずの豊富さ、特に魚料理と野菜料理のバリエーションの豊かさは世界のお弁当の中でも群を抜いています。そして何より大事なのは、ご飯。ご飯はおかずを引き立て、また、おかずはご飯をよりおいしくいただくためにあります。どちらもなくてはならない存在で、これが「和」のお弁当の魅力であり、醍醐味です。おかず数種とご飯の組み合わせはヘルシーさの点でもベストです。

　本書では、毎日のお弁当、外で広げる気軽なお弁当、行楽の弁当、家でのおもてなし弁当など、さまざまなシチュエーションでいただくお弁当をご紹介しています。毎日のお弁当は変わったものではなく、「普通でおいしい」が一番。そして日々の「続ける」工夫が必要です。前日の準備も併せてご紹介していますので参考にしてください。また、庭先やベランダに持ち出して食べるお弁当は、これこそ家のご飯の延長で、場所を変えるだけで楽しく、おいしさも倍増。お天気のいい日は外で食べましょう、という提案です。そして和食ならではのよさを発揮できるのが、行楽弁当やおもてなし弁当です。季節を感じる「和」のおかずとご飯……、ちょっぴり腕まくりして、おいしくて美しいお弁当に挑戦していただけたらと思います。

　本書のページをめくり、お弁当を作りたくなってしまったら、それこそ本望です。

　　　　　　　　　　　　　　　　　　有元葉子

contents

2 　はじめに
8 　お弁当作り 11の秘訣

part 1 | 毎日のお弁当

16　こしょうチキンの卵揚げ弁当
　　こしょうチキンの卵揚げ
　　セミドライトマトのオイル漬け
　　ピーマンのさっときんぴら
　　玄米ご飯
　　桃缶＆キウイ

18　鶏のから揚げ弁当
　　鶏のから揚げ
　　枝豆ご飯おむすび
　　夏野菜のみそ炒め
　　トマト＆きゅうり
　　かぼちゃのシナモンシュガー

20　ささ身の青のり風味揚げ焼き弁当
　　ささ身の青のり風味揚げ焼き
　　きゅうりとラディッシュの塩もみ
　　じゃこ山椒のせご飯
　　新さつまいものメープルじょうゆ

22　豚肉巻ききんぴら弁当
　　豚肉巻ききんぴら
　　菜の花のごま浸し
　　ひじきご飯
　　煮りんご

24　豚天弁当
　　豚天と野菜天
　　ピーマンの青じそ包み焼き
　　ほぐし鮭
　　ご飯
　　りんご

26　牛肉とピーマンのかき油炒め弁当
　　牛肉とピーマンのかき油炒め
　　野菜の酢油漬け
　　ゆでオクラ＆おかか
　　ご飯
　　ぶどう

28　つくねご飯弁当
　　つくねご飯
　　蒸しブロッコリー＆にんじん
　　キャベツの塩もみ
　　あんずの甘煮

30　肉みそ弁当
　　肉みそ＆生野菜
　　薄甘粉ふきいも
　　ふきのお浸し
　　ご飯＋梅干し
　　りんごのゆず煮

32　ひき肉春雨の春巻弁当
　　ひき肉春雨の春巻
　　揚げいんげんとごぼうのおかかじょうゆ
　　ご飯
　　ミニトマトのメープルビネガー漬け

34　いわしの蒲焼きご飯弁当
　　いわしの蒲焼きご飯
　　れんこんの甘酢漬け
　　クレソンのおかかごまあえ
　　ゆで卵
　　夏みかんのピール

| 36 | えびのベーコン巻き弁当
  | えびのベーコン巻き
  | 青梗菜(チンゲンツァイ)とにんじんの練りごまあえ
  | アスパラガスののり巻き
  | ご飯＋しば漬け
  | オレンジ

| 38 | ぶりのみそ漬け焼き弁当
  | ぶりのみそ漬け焼き
  | しらすとわかめの卵焼き
  | 水菜のごま塩あえ
  | 小松菜の塩もみ
  | みょうがの赤梅酢漬け
  | ご飯
  | 白花豆のはちみつ漬け

| 40 | さわらのカレー粉焼き弁当
  | さわらのカレー粉焼き
  | ターツァイのベーコン炒め
  | 酢ごぼう
  | 豆みそ
  | ご飯
  | いちご

| 42 | 鮭のゆず風味焼き弁当
  | 鮭のゆず風味焼き
  | 蒸し小芋のメープルみそあえ
  | 小松菜のお浸し
  | ご飯＋黒ごま塩
  | 干し柿

| 44 | 帆立ての塩焼き弁当
  | 帆立ての塩焼き
  | 豚肉入りきんぴら
  | スティック野菜＆ピリ辛みそマヨネーズ
  | ご飯
  | キウイ

| 46 | 干もののごま酢あえ弁当
  | 干もののごま酢あえ
  | ひき肉炒めの高菜あえ
  | 玄米ご飯
  | 半干しにんじんのピーナツじょうゆがらめ

| 48 | 卵焼き弁当
  | たらこと青ねぎの卵焼き
  | れんこんと鶏肉の甘辛炒め
  | ほうれん草のお浸し
  | ご飯＋梅干し
  | 栗の網焼き

| 50 | 目玉焼きのせ玄米弁当
  | 目玉焼きのせ玄米ご飯
  | ブロッコリーのマスタードあえ
  | ラディッシュ
  | プルーンのパンチェッタ巻き

| 52 | こんにゃくと牛肉のしょうが煮弁当
  | こんにゃくと牛肉のしょうが煮
  | 厚揚げの山椒焼き
  | 甘い卵焼き
  | スナップえんどう
  | キャベツと青じその浅漬け
  | ご飯
  | ラズベリー

part 2 晴れたら、お弁当

54 **なすと厚揚げのひき肉炒め弁当**
- なすのひき肉炒め
- きゅうりの辛み漬け
- 昆布のみそ漬け
- 焼きたらこ
- ご飯
- さつまいものメープルシロップ煮

56 **じゃこと大根菜のふりかけご飯弁当**
- じゃこと大根菜のふりかけご飯
- 牛肉のごま炒め
- 蒸し野菜&ピクルスマヨネーズ
- いちごのレモンマリネ

58 **玄米の黒ごまおむすび弁当**
- 玄米の黒ごまおむすび
- 桜えびとにんじんの天ぷら
- 豚肉とほうれん草炒め
- ほうれん草のごま油じょうゆあえ
- さつまいものはちみつがらめ

60 **玄米チャーハン弁当**
- 玄米チャーハン
- ししゃもとれんこんの網焼き
- クレソンのお浸し
- 白玉のメープルがけ

64 **カツサンド弁当**
- カツサンド
- 緑の野菜とトマト&手作りマヨネーズ
- いちご

66 **常備菜弁当**
- 鶏手羽元の素揚げ
- 塩もみ野菜のサラダ
- ひじき煮と野菜
- ひき肉炒めとニラの卵焼き
- おむすびとのり
- カットパイン

68 **肉じゃが弁当**
- 肉じゃが
- 炒めなす
- 梅干し入り塩もみ野菜
- あじの干物
- ご飯
- 好みの飴

70 **菜巻きおむすび弁当**
- 菜巻きおむすび
- れんこん入り肉団子
- なすとピーマンのしょうゆ煮
- 串団子

72 **焼きめし弁当**
- ししとうと桜えびの焼きめし
- しょうが焼き たっぷりキャベツのせ
- エシャロットのみそあえ
- 季節の果物（びわ、アメリカンチェリー）

74 **キャベツメンチ弁当**
- キャベツメンチ
- きゅうりとトマトのサラダ
- ご飯
- クルミのメープルスプレッド焼き

77 **ファーマーズマーケットでも、キャベツメンチのランチボックス**

part 3　行楽のお弁当

80　お花見弁当
- 小鯛の手まりずし
- 桜麩の牛肉巻き
- ふきのおかか煮
- たけのこの木の芽まぶし
- やりいか、うど、菜の花の酢みそ
- うどの皮のきんぴら
- せりのお浸し
- グレープフルーツと甘夏
- よもぎ麩と小豆

84　おいなりさんと細巻き弁当
- おいなりさん
- 細巻き
- かつおの竜田揚げ
- さやいんげんの青じそみそ巻き
- 水菜の塩もみ　すだち添え
- キウイフルーツ

88　きゅうりずし弁当
- きゅうりずし
- 根菜入りあじのつみれ揚げ
- そら豆の塩ゆで
- 新さつまいもの甘煮
- 小玉すいか

92　きのこの炊き込みご飯弁当
- きのこの炊き込みご飯
- 青菜のごまあえ
- かに入り卵焼き
- 新しょうがの梅酢漬け
- 栗の渋皮煮

part 4　家でいただくお弁当

98　おもてなし弁当
- そら豆とえびのかき揚げ
- にんじんのたらこあえ
- 鶏肉と里芋の酒煮
- 鮭の照り焼き
- 菜の花のお浸し
- 卵巻きご飯
- 粟麩のみそ汁
- 上生菓子

102　酒のつまみ　お弁当仕立て
- 牛たたき
- 卵黄のみそ漬け
- オクラの塩ゆで
- さつまいもとそら豆のかき揚げ
- あじの一夜干し
- 梅と青じその俵むすび

106　会合弁当
- 干もの混ぜご飯
- キャベツときゅうりの塩もみ
- 白玉抹茶ソース

※計量単位は、1カップ＝200㎖、1合＝180㎖、
　大さじ1＝15㎖、小さじ1＝5㎖です。
※ガスコンロの火加減は、
　特にことわりのない場合は中火です。
※オーブンの温度と焼き時間は目安です。
　機種によって違いがあるので加減してください。
※フライパンごとオーブンに入れて焼くときは、
　オーブンに入れられるタイプのフライパンを使います。
※塩は自然塩、こしょうは粗びき黒こしょうを使います。
※オリーブオイルはエキストラバージンオリーブオイル、
　ごま油は太白ごま油を使います。
※メープルシロップはエキストラライトを使います。

お弁当作り 11 の秘訣

1　彩り、味、食感のバランスが大事です

　お弁当をあけたとき、おいしそうと思えることが一番。そのためには彩りが大事です。緑、赤、白、黄、茶……いろいろな色があるとおいしそうに見え、自然に栄養のバランスもとれます。

　お弁当は、いってみれば献立。味と食感のバランスがおいしさの要となります。こってり味とさっぱり味、しょうゆ味と塩味、サクサク食感としっとり食感など、変化をもたせます。また、焼く、蒸す、ゆでる、揚げる……など、調理法の違うものを組み合わせると、すべてのバランスが整います。

　そして、素材の組み合わせ、味つけともにシンプルにするのが、わたし流。家で食事を作るときと同様、余分なものは入れず、こねくり回さず、奇をてらわず、すっきりとした形でお弁当に仕立てます。ここでは、鮭のゆず風味焼き弁当（p.42）を例にとります。

鮭のゆず風味焼き
焼いた鮭の香ばしさと皮のパリッとした食感。ゆずしょうゆ味。鮭の茶色とゆずの黄色の組み合わせ。

小松菜のお浸し
ゆでた小松菜はシャキシャキとした食感。おかかしょうゆ味。緑色。

蒸し小芋のメープルみそあえ
蒸した小芋はねっとりとやさしい食感。味つけはメープルみそ。色はベージュ。

干し柿
甘味として。季節が感じられるものを。

ご飯
ごま塩をふってシンプルに。ご飯の白があるからこそ、おかずの色が引き立つ。

2　バットに入れて、前夜に用意しておきます

　前夜に準備したものをひと目でわかるようにバットなどに入れておきます。味つけや色味、調理法など、すべてのバランスがよければおいしいお弁当になるので、「ひと目でわかる」この方法がおすすめです。きちんとしたお弁当を毎日作るのはかなり大変ですが、私はこの方法で20年近いお弁当作りを楽しく続けることができました。眠くてぼんやりした朝でも効率よくすぐにお弁当作りにとりかかれる、これが一押しの理由です。

　part1の「毎日のお弁当」はすべてこのスタイル。ここでは左ページ同様、鮭のゆず風味焼き弁当（p.42）を例にとります。汁気がないものはバットに直におき、汁気のあるおかずや漬けておきたいものは容器に入れるなどします。

小芋は蒸しておく

鮭のゆず風味焼きは作っておく

メープルみそは作っておく

小松菜はゆでて食べやすく切っておく

干し柿もお弁当に入れる分だけセットしておく

3　前日に仕込んでおくと、朝がラクです

　朝がラクになるお弁当作りのもうひとつのコツは、前日にちょっとした仕込みをしておくこと。たとえば野菜のあえものは、前日に野菜をゆでておき、朝はあえるだけ。から揚げは、前日に下味をつけておき、朝は揚げるだけ。炒めものは材料を切っておき、朝は炒めるだけ。とりあえずの下ごしらえを前夜までにすませておくといいですね。

　仕込むときは、作りやすい分量で仕込むのがおすすめ。お弁当分だけを仕込んでもいいですが、どうせ作るなら、朝食にも夕食にも使えるように、多めに作ってしまう方がラク。乾物なら1袋単位、日持ちするおかずはたっぷりと。

ひき肉炒めを仕込む。豚ひき肉をごま油で炒めて、シンプルに酒としょうゆで調味。ひき肉炒めの高菜あえ（p.46）、なすのひき肉炒め（p.54）などに活用。

ひき肉春雨を仕込む。豚ひき肉をしょうゆとカレー粉で炒め、春雨と混ぜたもの。春巻の皮に包んでおけば、朝は揚げるだけでひき肉春雨の春巻（p.32）の完成。

ひじき煮を仕込む。ご飯に混ぜれば、ひじきご飯（p.22）、野菜と合わせれば、ひじき煮と野菜（p.66）。多めに作った常備菜などは、少し手を加えれば違うおかずに仕立てられる。

4　作りおきのおかずをすき間おかずに利用します

途中まで仕込んでおくおかずのほか、朝詰めるだけのおかずがあると、お弁当作りがさらにラクになります。豆の甘煮、野菜の酢漬けなどお弁当箱のすき間に入れられるもの、漬けもの、つくだ煮、ふりかけなど。ご飯のおともになるようなものなど。すき間おかずはついミニトマトに頼りがちですが、お弁当箱のすき間を埋めるものがあると助かります。

保存は、冷蔵庫をあけたときに何が入っているかすぐにわかるように、中が見えるガラス瓶や透明な容器がおすすめ。探す手間が省け、どのくらい残っているかなども、ひと目でわかり、それだけでも朝の時間が有効に使えます。

A　甘味としても使える、白花豆のはちみつ漬け（p.38）。

B　シャキシャキの食感が口直しにぴったりの、れんこんの甘酢漬け（p.34）。

C　赤梅酢の香りと色がアクセントになる、みょうがの赤梅酢漬け（p.38）と新しょうがの梅酢漬け（p.95）。

D　玄米ご飯にも白いご飯にも合う、じゃこ山椒（p.20）。

5　冷めてもおいしいように、少し濃いめの味にします

料理は、冷めると味が薄く感じられるので、お弁当に入れるおかずは、家でいただく料理より少し濃いめの味つけにします。煮ものや炒め煮は調味料の量を少し増やしたり、下味は前日からしっかりとなじませておいたり。カレー粉やスパイスなどを使ってパンチのある味つけにするのもおすすめです。

ただし全体の味のバランスは大事。濃いめの味の炒め煮があれば、あとのおかずは塩味、生野菜などのさっぱりしたもの、ご飯は白いご飯……というように、食べたときの味を想像して詰めます。

しょうが焼き（p.72）は、砂糖、酒、しょうゆをしっかりとからめて仕上げる。豚肉に片栗粉をふっておき、味がよくからむようにする。

さわらのカレー粉焼き（p.40）は、前日に塩とカレー粉をまぶして味をなじませておく。焼いてもパサつかず、冷めてもおいしい。

6 お弁当を締めくくる甘味をちょこっと用意します

ほんの少しでいいから、食後にいただく甘いものがあるとうれしいもの。常備菜と同様、時間のあるときに作っておきます。といっても、お弁当用に手の込んだものを作る必要はなく、出盛りの果物やドライフルーツを使って、普段のおやつにも食べられるものを用意します。ときには、瓶詰めのシロップ煮、市販の甘味、フルーツをカットして詰めるだけのときも。または、さつまいもや豆の甘煮など。それでも、お弁当を締めくくる甘味があるとないとでは、満足感が違ってきます。

春には、いちごのレモンマリネ（p.56）など。

あんずの甘煮（p.28）は干しあんずで作るので、季節を問わず。

いただきものの栗の渋皮煮（p.95）。秋を感じる甘味。

7 野菜をおいしくいただく工夫をします

お弁当も普段の食卓と同じで、野菜をしっかりとれるように考えます。そこでポイントになるのが、時間がたってもおいしい野菜料理の工夫。

おすすめは塩もみ野菜。塩もみしておくと余分な水分が出て、ほどよい塩味になり、うまみはそのまま。量もたくさんとれます。お浸しは、ゆでて水気を絞るだけでなく、しょうゆをたらして汁気を絞る（しょうゆ洗いという方法）と、下味がついて時間がたってもおいしく、いたみを防ぐ効果もあります。

また、サラダは生の野菜より蒸し野菜、ゆで野菜の方が味、色ともに長持ちしますが、もし生野菜を持っていくなら、水気をしっかりきり、大きめにカット。マヨネーズやドレッシングは別添えに。

A 塩もみ野菜を梅肉であえた、梅干し入り塩もみ野菜（p.68）。

B 菜の花のお浸し（p.101）は、しょうゆとだし汁で味をつけ、汁気を絞る。

C 緑の野菜とトマト＆手作りマヨネーズ（p.64）。アスパラガスはゆでて水気をしっかりときり、きゅうりとトマトは大きめにカット。マヨネーズは別添えにする。

D しょうが焼き たっぷりキャベツのせ（p.72）は、キャベツのせん切りの上に、温かい豚肉のしょうが焼きをのせたもの。お昼には豚肉の余熱でキャベツがしんなりし、味がついて食べやすい。

8 いつもより水分を飛ばして仕上げます

　汁気のあるおかずをそのままお弁当箱に詰めると、汁がほかのおかずに回って食感も味も損ねます。煮もの、酢のものなど、汁気のあるおかずはペーパータオルなどで十分に水分をとってから詰め、浅漬け、塩もみ野菜なども水気をギュッと絞ってから詰めます。汁気が心配なものは小さいケースに入れてから盛り込みます。

　それ以前の工夫として、煮ものは汁気がなくなるまで十分に煮詰める、照り焼きや炒めものは汁気が残らないようにしっかりと味をからめるなど、いつもより水分を飛ばして仕上げるようにします。

豚肉入りきんぴら（p.44）は、ごま油で炒めて酒、みりん、しょうゆをからめる。汁気がなくなるまでからめて照りよく仕上げる。

ふきのおかか煮（p.82）。削り節が水分を吸ってくれるので、お弁当向きの料理といえる。野菜のお浸しに削り節をからめてもよい。

9 いたみにくい配慮をします

　できあがった料理を時間がたってからいただくお弁当は、いたまないような配慮が必要です。基本は、冷まして詰めること。おかずはバットなどにいったんとり出して冷まし、ご飯は炊き上がったらおひつに移し、余分な水分をとって冷まします。冷ます時間がないときはうちわなどで扇いで、せめて粗熱をとります。温かいご飯の横に冷たいおかずを詰めるのもNG。すべての料理を冷まします。

　また、梅雨時や蒸し暑い日は、殺菌・防腐効果のある材料を入れます。ご飯の上に梅干しをのせたり、ご飯を酢めしにしたり。肉は殺菌効果大のローズマリーでマリネするのもおすすめです。

A　ご飯は炊き上がったらいったんおひつに移し、余分な水分を蒸発させ、冷ます。

B　時間がないときや炒めご飯の場合は、ボウルやバットに移し、うちわなどで扇いでできるだけ冷ます。

C　殺菌作用のある梅干しをご飯にのせたり、お弁当箱の片隅に添える。

D　防腐作用のある酢を使った酢めしも夏向き。

10 お弁当作りに便利な道具

1人分のお弁当作りには、大きな鍋やフライパン、まな板は不要。むしろ小さいサイズの方が、少ない時間と最低限の調味料でチャチャッとおかずが作れます。

煮ものなど汁気の多い料理に使う深めの鍋、野菜を蒸しゆでにしたり汁気の少ない料理に使う浅めの鍋、鉄のフライパン、この3つがあると便利。いずれも直径15～18cm。小さい鍋は湯がすぐに沸くし、小さいフライパンは少量の油で調理できる。

鍋やフライパン同様、まな板も小さめサイズがおすすめ。26×26cmの四角いな板のほか、つくだ煮やそうめんが入っていた木製のふたもまな板代わり。小さくて軽いから洗うのも簡単。場所をとらないから、朝食を作りながらその横で使えるのが魅力。包丁も小さめのものでOK。

揚げ鍋は、内側に網がセットされたタイプのものを愛用。網に材料を入れてそのまま鍋にセットして揚げていく。たっぷりの油も必要なく、2度揚げも簡単なので、いつでもカリッとした揚げものが作れるのが魅力。

ボウル、バットとも、ザルとふたがセットできるものが便利。それぞれ下ごしらえに活用するほか、前日に仕込んだおかずを入れて冷蔵庫へ。ふたがあると、重ねてのせられるので、冷蔵庫に無駄なスペースが出ない。金属製なのでよく冷え、保存性が高い。

作りおきのおかず、常備菜などを入れておく保存容器。何が入っているかすぐにわかるように、中が見えるガラス瓶や透明なものがおすすめ。冷蔵庫の中をすっきりと見せたいので、すっきりとしたデザインのもの、シンプルなものを。

11 お弁当箱以外の工夫

お弁当箱のふたをあけたとき、おいしそうと感じるためには、お弁当箱の仕切り、ミニケースなどにも気を使いたいもの。料理のじゃまをしないものを選ぶのが、和のお弁当の基本です。

お弁当箱の中を仕切りたいとき、動かないようにすき間なく詰めるときなど、笹、葉蘭、つわぶきの葉など自然の緑を間にはさむとキリッとした印象になる。また、竹の皮、経木など風合いを生かした天然素材のものを使うのも素敵。和のお弁当ならでは。

ミニカップ、ソース入れ、しょうゆ入れなどは、料理の色や彩りを大切にしたいから、白色か透明、もしくは乳白色のものを。形もシンプルなものの方が、使い勝手がいい。

毎日のお弁当には無理だが、天気のいい日に外でいただくお弁当や行楽弁当には、籠や竹ザルなどを利用。風通しがいいので料理がいたみにくく、軽いのも魅力。ふたがないものは、風呂敷などで包んで持っていく。

おにぎりやサンドイッチなど、汁気のないお弁当なら、クッキーやゼリーが入っていたしっかりとした紙箱や、1人分ずつのランチボックスを使うことも。重箱感覚で大きい箱に全員分を詰めるのもよし、仕出し感覚で1人分ずつを人数分詰めるのも楽しい。

part 1 | 毎日のお弁当

　ちょっとした工夫があると、毎日のお弁当作りが楽しく続けられるようになります。20年ほど続いた我が家の娘たちのお弁当作りの経験から、毎日続けるためのヒントが自ずとわかってきました。それは難しいことではありません。準備さえあれば楽なんです。前日に15分くらいの準備時間をとっておく、これがお弁当をラクに作る第一のコツ。長続きの秘訣は毎日のちょっとした心がけです。

　ひとつの容器、たとえばバットなどに、下ごしらえをしたものや生の材料を全部入れておきます。こうしておくと眠い朝でも、何も考えずにお弁当作りにとりかかれます。朝の弱い私もこの方法で楽しく積極的に続けられました。このバット作戦は、ひと目でバランスがわかるのも魅力。煮る、焼くなどの調理法のバランス、野菜とたんぱく質系の食材のバランス、赤、緑など色のバランスがすぐにわかります。体によいお弁当作りに大いに役立つというわけです。食べる側だけでなく、作り手も楽しく、つい作りたくなってしまう、それがお弁当の理想ですね。

こしょうチキンの卵揚げ弁当

主菜の鶏肉は、黒こしょうのスパイシーな香りがアクセント。
作りおきのセミドライトマトのオイル漬け、ピーマンのきんぴらを組み合わせて
色と栄養のバランスをとります。玄米ご飯によく合います。

前夜に用意
- 鶏肉は下味をつけておく
- ピーマンのきんぴらは作っておく
- キウイは半分に切っておく
- 桃の缶詰は使う分だけ缶から出しておく
- セミドライトマトのオイル漬け（あれば）もセットしておく

こしょうチキンの卵揚げ

材料・1人分
鶏もも肉　½枚
下味
　粗びき黒こしょう　小さじ½
　塩　小さじ⅓～½
小麦粉　適量
溶き卵　1個分
揚げ油　適量

1　鶏肉はひと口大に切り、粗びき黒こしょう、塩を加えてよく混ぜる。▶前夜に用意
2　揚げ油を中温に熱し、1に小麦粉をまぶし、溶き卵にくぐらせて静かに落とし入れ、きつね色に揚げる。

ピーマンのさっときんぴら

材料・1人分
ピーマン　小2個
ごま油　小さじ½
しょうゆ　小さじ⅔

1　ピーマンは縦4つに切って種を除く。
2　フライパンを熱してごま油をなじませ、1を入れて炒め、しんなりしたらしょうゆを加え、汁気がなくなるまで炒める。▶前夜に用意

玄米ご飯

材料・作りやすい分量
玄米　2カップ
水　2カップ

1　玄米は洗って分量の水とともにカムカム鍋に入れてふたをし、圧力鍋の中に入れ、カムカム鍋の高さの半分まで水を注いで圧力鍋のふたをする。強火にかけ、シューッといったらそのまま2～3分加熱し、火を弱めて50～60分炊く。
2　火を止めて圧力を下げてふたをとる。
※玄米を直接圧力鍋に入れて炊く場合は、水を3～4割増しにしてセットし、強火にかけてシューッといったら火を弱めて35分炊き、火を止めてから15分ほどおいてふたをとる。

作りおき
保存は冷蔵庫で7～10日

セミドライトマトのオイル漬け

材料・作りやすい分量
ミニトマト　1パック
オリーブオイル　適量

1　ミニトマトはヘタをとって横半分に切り、種を除く。切り口を下にしてオーブンの網にのせ、140℃のオーブンで1時間ほど乾かす。途中、上下を返し、セミドライ状態にする。
2　1を保存瓶などに入れ、オリーブオイルをかぶるくらいまで注ぎ入れる。▶作りおき
3　汁気をきってお弁当箱に詰める。

甘味として 桃缶＆キウイ

桃の缶詰1切れ、キウイフルーツ½個を、お弁当箱に詰めやすい大きさに切る。

こしょうチキンの卵揚げ
セミドライトマトのオイル漬け
ピーマンのさっときんぴら
玄米ご飯
桃缶＆キウイ

前夜に用意

- 鶏肉は下味をつけておく
- 枝豆は塩ゆでしてさやから出しておく
- ピーマン（緑・赤）は
  食べやすい大きさに切って種を除いておく
- かぼちゃは1cm厚さのひと口大に切る
- 青じそ、みょうが、きゅうり、
  トマトもセットしておく

鶏のから揚げ弁当

しょうがじょうゆで下味をつけた鶏のから揚げと、うっすら塩味の枝豆ご飯。この組み合わせが絶妙！
あとは冷蔵庫にある野菜でチャチャッと副菜を作ります。

鶏のから揚げ

材料・1人分
鶏もも肉　½枚
下味
　おろししょうが　½かけ分
　酒　小さじ1½
　しょうゆ　小さじ1強
片栗粉　適量
揚げ油　適量

1　鶏肉はひと口大に切り、おろししょうが、酒、しょうゆを加えてよく混ぜる。▶前夜に用意
2　1に片栗粉をまぶす。
3　揚げ油を中温に熱し、2を入れ、きつね色に揚げる。

枝豆ご飯おむすび

材料・1人分
ご飯（温かいもの）　茶碗大1杯分
枝豆（ゆでてさやから出す。▶前夜に用意）
　大さじ山盛り2
塩　少々

1　ご飯をボウルに入れ、枝豆を加えて混ぜ、3等分にする。
2　手塩をつけて俵形にむすぶ。

夏野菜のみそ炒め

材料・1人分
ピーマン（緑・赤）　各小1個
みょうが　1個
青じそ　3〜4枚
ごま油　小さじ1
みそ　小さじ1
酒　少々

1　ピーマンは食べやすい大きさに切って種を除く。▶前夜に用意
2　みょうがは縦4つに切り、青じそは半分に切る。
3　フライパンを熱してごま油をなじませ、ピーマンを入れて炒め、みょうがと青じそ加えてさっと炒め、みそと酒を入れて味をからめる。

トマト＆きゅうり

トマト、きゅうり各適量を、お弁当箱に詰めやすい大きさに切る。

甘味として かぼちゃのシナモンシュガー

材料・1人分
かぼちゃ（1cm厚さのひと口大に切る。▶前夜に用意）
　5〜6切れ
揚げ油　適量
シナモンシュガー
　砂糖　適量
　シナモンパウダー　適量

1　揚げ油を中温に熱し、かぼちゃを入れ、黄金色に揚げる。（鶏肉を揚げる前にかぼちゃを揚げるとよい。）
2　砂糖とシナモンパウダーを混ぜ合わせ、1が熱いうちにまぶす。

鶏のから揚げ
枝豆ご飯おむすび
夏野菜のみそ炒め
トマト&きゅうり
かぼちゃのシナモンシュガー

ささ身の青のり風味揚げ焼き弁当

淡泊なささ身もひと手間加えて下ごしらえをすると冷めてもおいしく、お弁当の主役になります。
副菜には、歯応えのある塩もみ野菜がよく合います。

前夜に用意
- ささ身は下味をつけて片栗粉をまぶしておく
- 新さつまいもは5mm厚さに切って洗い、水気を拭いておく
- きゅうりとラディッシュの塩もみ、じゃこ山椒、青のりもセットしておく

ささ身の青のり風味揚げ焼き

材料・1人分
鶏ささ身　2〜3本
下味
　酒　小さじ1
　塩　小さじ½
　こしょう　少々
　卵白　½個分
片栗粉　大さじ2
ごま油　適量
青のり　適量

1　ささ身は筋をとって2〜3つに切り、ボウルに入れ、酒、塩、こしょうをふり、卵白を加えてよく混ぜる。片栗粉をまぶしつける。▶前夜に用意

2　フライパンに多めの油を熱し、1を入れ、ときどき返しながら揚げ焼きする。熱いうちに青のりをふる。

きゅうりとラディッシュの塩もみ

作りおき
保存は冷蔵庫で2〜3日

材料・作りやすい分量
きゅうり　1本
ラディッシュ　2〜3個
青じそ　4枚
塩　少々

1　きゅうりは蛇腹に切って2cm幅に切る。ラディッシュは包丁の腹でつぶして割る。青じそはせん切りにする。
2　ボウルに1を入れ、塩を加えて手でもむ。しばらくおいて水気を絞る。▶作りおき
3　水気をきってお弁当箱に詰める。

じゃこ山椒のせご飯

作りおき
保存は冷蔵庫で7日

材料・1人分
じゃこ山椒（作りやすい分量）
　ちりめんじゃこ　1カップ
　酒　大さじ2〜3
　みりん　大さじ1½〜2
　しょうゆ　大さじ⅔
　実山椒の佃煮　大さじ1
ご飯　適量

1　じゃこ山椒を作る。鍋にすべての材料を入れて混ぜ合わせ、弱火でからいりする。▶作りおき
2　お弁当箱にご飯を詰め、じゃこ山椒をのせる。

甘味として 新さつまいものメープルじょうゆ

材料・1人分
新さつまいも　中⅓本
揚げ油　適量
メープルじょうゆ
　メープルシロップ　大さじ1
　しょうゆ　大さじ1½

1　新さつまいもは皮つきのまま5mm厚さに切って洗い、水気を拭く。▶前夜に用意（新でない場合は前夜に切って水につけて冷蔵庫に入れておく。）
2　揚げ油を中温に熱し、1を入れて揚げ、中まで火を通す。
3　メープルじょうゆの材料をボウルに合わせ、2を入れてからめる。

ささ身の青のり風味揚げ焼き
きゅうりとラディッシュの塩もみ
じゃこ山椒のせご飯
新さつまいものメープルじょうゆ

豚肉巻ききんぴら弁当

薄切り肉は火の通りが早いので、忙しい朝のお弁当作りにはもってこい。
ここでは、せん切りごぼうとにんじんを巻いてきんぴら風の味に仕上げます。
緑の野菜、ひじきご飯を組み合わせて、彩りのよいお弁当に。

前夜に用意
- 豚肉でせん切り野菜を巻いておく
- 菜の花はゆでておく
- ひじき煮、煮りんごもセットしておく

豚肉巻ききんぴら

材料・1人分
豚薄切り肉
　（しゃぶしゃぶ用）3～4枚
ごぼう　4cm
にんじん　4cm
ごま油　少々
酒　小さじ1
しょうゆ　小さじ1
七味唐辛子　少々

1　ごぼうは皮を洗い、にんじんは皮をむき、ごく細いせん切りにし、さっとゆでて水気を拭く。
2　豚肉を広げ、1を適量ずつのせて巻く。▶前夜に用意
3　フライパンを熱してごま油をなじませ、2を入れて転がしながら焼き、酒、しょうゆを加えて味をからめ、七味唐辛子をふる。

菜の花のごま浸し

材料・1人分
菜の花　4～5本
しょうゆ　小さじ1
白炒りごま　少々

1　菜の花は塩少々（分量外）を加えた湯でゆで、ザルに上げる。▶前夜に用意
2　1にしょうゆをからめてから汁気を絞り、ごまをまぶす。

ひじきご飯

材料・1人分
ひじき煮（作りやすい分量）
　長ひじき（乾燥）　20g
　ごま油　大さじ1
　酒　大さじ2
　みりん　大さじ1～2
　しょうゆ　大さじ1½
ご飯　適量
白炒りごま　少々

作りおき
保存は冷蔵庫で4～5日

1　ひじき煮を作る。ひじきは洗って水に10分ほどつけて戻し、水気をしっかりときる。
2　鍋にごま油を熱して1を炒め、酒とみりんを加えて火を通し、しょうゆを加えて汁気がなくなるまで混ぜながら煮る。▶作りおき
3　2のひじき煮適量を食べやすい長さに切り、ご飯に混ぜる。
4　お弁当箱に詰め、ごまをふる。

作りおき
保存は冷蔵庫で4～5日、
冷凍庫で1ヶ月

甘味として 煮りんご

材料・作りやすい分量
りんご　1個
レモンの搾り汁　大さじ1強
グラニュー糖　大さじ2

1　りんごは皮つきのままくし形に切り、芯をとる。
2　鍋に1を入れ、レモンの搾り汁、グラニュー糖をふって20分ほどおく。水分が出てきたら弱～中火にかけ、汁気がなくなるまで煮る。▶作りおき

豚肉巻ききんぴら
菜の花のごま浸し
ひじきご飯
煮りんご

お肉を食べたらその分野菜もたくさんいただく、という主義。
豚天を作るときに野菜もいっしょに揚げ、さらに
彩りを考えて、簡単に作れる野菜料理をもう1品！

豚天弁当

豚天と野菜天
ピーマンの青じそ包み焼き
ほぐし鮭
ご飯
りんご

豚天と野菜天

材料・1人分
豚もも肉（バター焼き用）　2〜3枚
下味
　| しょうゆ　小さじ1〜2
　| おろししょうが　少々
生しいたけ　1個
かぼちゃ（ひと口大に切ったもの）　1切れ
さやいんげん　2本
衣
　| 卵　1個
　| 冷水　大さじ3
　| 小麦粉　大さじ4
小麦粉　適量
揚げ油　適量
塩　少々

1　豚肉は食べやすい大きさに切り、下味の材料を加えて混ぜる。▶前夜に用意
2　しいたけは石づきをとって半分に切る。かぼちゃは薄切りにし、さやいんげんは食べやすい長さに切る。▶前夜に用意
3　衣を作る。ボウルに卵と冷水を入れて混ぜ、小麦粉を加えてさっくりと混ぜる。
4　**1**の豚肉と**2**の野菜に小麦粉をまぶす。
5　揚げ油を中温に熱し、**4**を**3**の衣にくぐらせて入れ、きつね色になって衣がカリッとするまで揚げる。野菜天には塩をふる。

ピーマンの青じそ包み焼き

材料・1人分
ピーマン　1個
青じそ　4〜5枚
みそ　小さじ½
ごま油　少々

1　ピーマンは種をとって太めのせん切りにする。▶前夜に用意
2　青じそに**1**を適量ずつのせ、みそをぬって巻く。
3　フライパンを熱してごま油をなじませ、**2**を入れて軽く焼く。

前夜に用意
- 豚肉は下味をつけておく
- 生しいたけは石づきをとって半分に切っておく
- かぼちゃは薄切りにし、さやいんげんは食べやすい長さに切っておく
- ピーマンは種をとって太めのせん切りにしておく 青じそといっしょにセットしておく
- 鮭は焼いてほぐしておく
- りんごはくし形に切ってレモンの搾り汁をまぶし、レモンといっしょにセットしておく

ほぐし鮭

甘塩鮭⅓切れを焼き網で焼き、骨を除いてざっとほぐす。▶前夜に用意

甘味として りんご

材料・1人分
りんご　¼個
レモンの搾り汁　少々
レモン　適量

1　りんごはくし形に切ってレモンの搾り汁をまぶす。▶前夜に用意
2　**1**を食べやすい大きさに切り、レモンは薄いいちょう切りにする。合わせてお弁当箱に詰める。

牛肉とピーマンの
かき油炒め弁当

牛肉にはしっかりと下味をつけ、家で食べるときより
ちょっぴり濃いめの味つけに。これで冷めてもおいしく感じます。
甘辛しょうゆ味のおかずには、口直しにパリパリ食感の野菜を添えて。

| 牛肉とピーマンのかき油炒め
| 野菜の酢油漬け
| ゆでオクラ＆おかか
| ご飯
| ぶどう

前夜に用意
- 牛肉は下味をつけておく
- 赤ピーマンは種をとって1〜2cm幅に切っておく
- オクラは黒いところをとり除き、塩少々をまぶしてこすり、ゆでておく
- 野菜の酢油漬け、マスカットもセットしておく

▍牛肉とピーマンのかき油炒め

材料・1人分
牛赤身薄切り肉　50g
下味
　米酢　小さじ½
　酒　小さじ½
　ごま油　小さじ½
　砂糖　小さじ½
　おろししょうが　少々
ピーマン（赤または緑）　½個
ごま油　小さじ1
しょうゆ　小さじ⅔
かき油　小さじ½
白炒りごま　少々

1　牛肉は食べやすい大きさに切り、下味の材料を加えて混ぜる。赤ピーマンは種をとって1〜2cm幅に切っておく。▶前夜に用意
2　フライパンを熱してごま油をなじませ、赤ピーマンを入れてさっと炒め、いったんとり出す。
3　2のフライパンに牛肉を入れて炒め、しょうゆとかき油で調味する。赤ピーマンを戻し入れ、ごまをふって混ぜる。

▍野菜の酢油漬け

材料・作りやすい分量
キャベツ　1枚
きゅうり　½本
紫玉ねぎ　⅛個
塩　小さじ½
サラダ油　小さじ1½
米酢　小さじ1
こしょう　適量

作りおき
保存は冷蔵庫で2〜3日

1　キャベツはざく切りにし、きゅうり、紫玉ねぎは薄切りにする。
2　1をボウルに入れて塩をふってもみ、しんなりしたら水気を絞る。
3　2にサラダ油、米酢、こしょうを加えて混ぜる。▶作りおき
4　汁気をきってお弁当箱に詰める。

▍ゆでオクラ＆おかか

材料・1人分
オクラ　3〜4本
削り節　½袋
しょうゆ　少々

1　オクラは黒いところをとり除き、塩少々（分量外）をまぶしてこする。熱湯でさっとゆで、ザルに上げて水気をきる。▶前夜に用意
2　削り節にしょうゆをたらして湿らせ、1に添える。

▍甘味として　ぶどう

マスカットなどのぶどう3〜4粒は、洗って水気をきる。

みんなの好きな鶏つくねをご飯にのせたお弁当。
甘みにはみりん、またはメープルシロップを使うと、すっきりとした味わいに。
彩りを考えて、緑、オレンジの野菜をとり合わせます。

つくねご飯弁当

つくねご飯
蒸しブロッコリー&にんじん
キャベツの塩もみ
あんずの甘煮

つくねご飯

材料・1人分
つくねのタネ
　鶏ひき肉　100g
　長ねぎのみじん切り　大さじ2
　しょうがのみじん切り　大さじ1
　片栗粉　小さじ1½
　卵　½個
小玉ねぎ　1個
ごま油　小さじ1
酒　大さじ1
みりん　大さじ1（またはメープルシロップ小さじ2）
しょうゆ　大さじ⅔〜1
ご飯　適量

1　ボウルにつくねのタネの材料を入れてよく練り混ぜ、ひと口大に丸める。▶前夜に用意
2　小玉ねぎは5〜6mm幅の輪切りにする。▶前夜に用意
3　フライパンを熱してごま油をなじませ、小玉ねぎを入れて炒め、いったんとり出す。
4　3のフライパンに1を入れて両面焼き、酒、みりんを加えてひと煮立ちさせ、しょうゆを加えて味をからめる。
5　お弁当箱にご飯を詰め、3と4をのせ、フライパンに残ったたれをかける。

蒸しブロッコリー＆にんじん

材料・1人分
ブロッコリー　2〜3房
にんじん　4cm
塩　少々

1　にんじんは棒状に切る。
2　にんじんとブロッコリーは蒸し、水気をきる。▶前夜に用意
3　お弁当箱に詰め、塩をふる。

前夜に用意

■ つくねはタネの材料を混ぜて丸めておく
■ 小玉ねぎは輪切りにしておく
■ ブロッコリー、にんじんは蒸しておく
■ キャベツの塩もみ、あんずの甘煮もセットしておく

作りおき
保存は冷蔵庫で2〜3日

キャベツの塩もみ

材料・作りやすい分量
キャベツ　1枚
青じそ　3枚
塩　少々

1　キャベツは太めのせん切りにし、青じそはせん切りにする。
2　ボウルに1を入れ、塩を加えて手でよくもみ、水気が出たらギュッと絞る。▶作りおき

作りおき
保存は冷蔵庫で約30日

甘味として あんずの甘煮

材料・作りやすい分量
干しあんず　15〜20枚
グラニュー糖　大さじ5
水　適量

1　鍋に干しあんずとグラニュー糖を入れ、水をひたひたに加えて弱火にかける。
2　干しあんずがやわらかくなったら火を止め、冷めるまでそのままおく。▶作りおき
3　水気をきってお弁当箱に詰める。

肉みそ弁当

生野菜、揚げ野菜、ゆで野菜、
お浸しを組み合わせた野菜いっぱいのお弁当。
作りおきの肉みそは
生野菜をたくさん食べるのにもってこいです。

▌肉みそ&生野菜

材料・1人分
肉みそ（作りやすい分量）
- 豚ひき肉　100g
- ごま油　小さじ1
- 長ねぎのみじん切り　大さじ1
- しょうがのみじん切り
   小さじ1
- みそ　小さじ2
- みりん　小さじ1
- 酒　大さじ1
- 青唐辛子のみじん切り
  （好みで）1本分

リーフレタス　適量
ししとう　3本
揚げ油　適量

作りおき
保存は冷蔵庫で2〜3日

1　肉みそを作る。鍋にごま油を熱してひき肉、長ねぎ、しょうがを炒め、ひき肉がポロポロになったらみそ、みりん、酒を加え、汁気がなくなるまでさらに炒める。好みで青唐辛子を入れる。▶作りおき

2　リーフレタスは1枚ずつにして洗い、水気をきる。ししとうも洗って水気をきる。▶前夜に用意

3　ししとうは竹串で数ヶ所穴をあけ、中温の揚げ油でさっと揚げる。塩少々（分量外）を好みでふる。

4　肉みそを小さい容器に入れ、リーフレタス、3とともにお弁当箱に詰める。

▌薄甘粉ふきいも

材料・1人分
- じゃがいも　1個
- 砂糖　小さじ1
- 塩　少々

1　じゃがいもは皮をむいて乱切りにし、水にさらす。

2　鍋に水気をきった1を入れ、水をひたひたに注いでゆでる。竹串を刺してみてスーッと通るくらいになったら、砂糖と塩を加え、汁気がなくなるまで煮る。鍋をゆすって粉吹きにする。▶前夜に用意

前夜に用意

- リーフレタスは1枚ずつにして洗い、水気をきっておく
- ししとうは洗って水気をきっておく
- 薄甘粉ふきいもは作っておく
- ふきのお浸しは作っておく
- 肉みそ、りんごのゆず煮もセットしておく

▌ふきのお浸し

材料・作りやすい分量
- ふき　1本
- だし汁　⅓カップ
- しょうゆ　小さじ¼
- 塩　少々

1　ふきは鍋に入る長さに切って洗い、塩適量（分量外）をふって板ずりし、たっぷりの湯でゆでる。水にとって筋をとり、4cm長さに切る。

2　容器にだし汁、しょうゆ、塩を合わせ、1を浸す。
▶前夜に用意

3　ペーパータオルで汁気をとってお弁当箱に詰める。

作りおき
保存は冷蔵庫で3〜4日

▌甘味として りんごのゆず煮

材料・作りやすい分量
- りんご（紅玉）　1個
- ゆず　½個
- グラニュー糖　大さじ2

1　りんごは皮つきのままくし形に切り、芯を除き、ひと口大に切る。

2　ゆずは実と皮をいっしょにざく切りにする。

3　鍋に1、2、グラニュー糖を入れてよく混ぜ合わせ、20分ほどおく。水分が出てきたら弱〜中火にかけ、汁気がなくなるまで煮る。▶作りおき

肉みそ&生野菜
薄甘粉ふきいも
ふきのお浸し
ご飯+梅干し
りんごのゆず煮

ひき肉春雨の春巻弁当

カレー味のひき肉春雨炒めを具にした春巻が主役。
生野菜、しょうゆ味の野菜おかず、甘酸っぱいおかずを
組み合わせて、味のバランスをとります。

前夜に用意
- 春巻は揚げる手前まで作っておく
- さやいんげんは食べやすい長さに切り、ごぼうは皮を洗って大きめのささがきにし、水につけてアク抜きをし、水気をきっておく
- ミニトマトのメープルビネガー漬けもセットしておく

ひき肉春雨の春巻

材料・1人分
ひき肉春雨（作りやすい分量）
　豚ひき肉　100g
　ごま油　大さじ1
　しょうゆ　大さじ1
　カレー粉　小さじ2
　春雨　10g
春巻きの皮　2枚
水溶き小麦粉　少々
揚げ油　適量
サニーレタス　適量

作りおき
保存は冷蔵庫で5〜6日

1　ひき肉春雨を作る。フライパンを熱してごま油をなじませ、ひき肉を入れてよく炒め、しょうゆとカレー粉を加えてさらに炒め、味をなじませる。
2　春雨はぬるま湯につけて戻し、水気をきって5cm長さに切る。
3　1に2を加えて炒め合わせる。▶作りおき
4　春巻の皮に3を適量のせて包み、皮のまわりに水溶き小麦粉（小麦粉3対水2）をつけて留める。▶前夜に用意
5　揚げ油を低めの中温に熱し、4を入れてカリッと揚げる。斜め半分に切ってサニーレタスを添える。

揚げいんげんとごぼうの
おかかじょうゆ

材料・1人分
さやいんげん　4本
ごぼう　5cm
揚げ油　適量
削り節　½袋
しょうゆ　数滴

1　さやいんげんは食べやすい長さに切り、ごぼうは皮を洗って大きめのささがきにする。▶前夜に用意
2　1を、春雨を揚げた揚げ油で素揚げする。
3　削り節にしょうゆをたらして湿らせ、1をあえる。

甘味としても
ミニトマトの
メープルビネガー漬け

作りおき
保存は冷蔵庫で5〜6日

材料・作りやすい分量
ミニトマト　1パック
メープルビネガー
　（甘酸っぱいもの）適量

1　ミニトマトはヘタをとり、皮に軽く切り目を入れ、湯むきする。
2　容器に1を入れ、メープルビネガーをひたひたに注ぐ。▶作りおき
3　ペーパータオルの上にとって汁気をきり、リーフレタス少々（分量外）を敷いた上に詰める。

ひき肉春雨の春巻
揚げいんげんとごぼうのおかかじょうゆ
ご飯
ミニトマトのメープルビネガー漬け

いわしの蒲焼きご飯弁当

いわしの蒲焼きをそのままご飯にのせた、ボリュームお弁当。
いわしは香ばしくなるまでしっかりと焼くのがポイントです。
白、緑、黄色……、色の違うおかずを
組み合わせて、見た目も整えます。

| いわしの蒲焼きご飯
| れんこんの甘酢漬け
| クレソンのおかかごまあえ
| ゆで卵
| 夏みかんのピール

前夜に用意
- いわしは下味をつけておく
- 卵はゆでておく
- クレソンはゆでて食べやすい長さに切っておく

れんこんの甘酢漬け、夏みかんのピールもセットしておく

いわしの蒲焼きご飯

材料・1人分
いわし　1尾
下味
　酒　小さじ2
　みりん　小さじ2〜3
　しょうゆ　小さじ2
ごま油　小さじ1
ご飯　適量
もみのり　¼枚分
白炒りごま　適量

1　いわしは頭と内臓をとってよく洗い、手開きにする。下味の材料を合わせて漬け込む。▶前夜に用意
2　フライパンを熱してごま油をなじませ、1の漬け汁をきったいわしを入れ、両面しっかりと焼く。残っている漬け汁を加えて味をからめる。
3　お弁当箱にご飯を詰めてもみのりをふり、2をのせてごまをふる。

れんこんの甘酢漬け

材料・作りやすい分量
れんこん　½節分
甘酢
　米酢　⅓カップ
　メープルシロップ　大さじ3
　（または砂糖大さじ1〜1½）
　塩　少々
赤唐辛子　1本

作りおき
保存は冷蔵庫で7〜8日

1　れんこんは皮をむいてひと口大の乱切りにし、酢水（分量外）につける。
2　甘酢の材料は合わせ、赤唐辛子を加える。
3　1のれんこんの水気をきり、歯応えが残る程度にゆで、ゆで汁をきり、熱いうちに2に入れて漬ける。▶作りおき

クレソンのおかかごまあえ

材料・1人分
クレソン　1束
しょうゆ　少々
削り節　½袋
白炒りごま　適量

1　クレソンは軸のかたい部分はとり除き、さっとゆで、ザルに上げて水気をきる。食べやすい長さに切る。▶前夜に用意
2　1をボウルに入れ、しょうゆ、削り節、ごまを加えてあえる。

ゆで卵

材料・1人分
卵　1個
黒炒りごま　少々
塩　少々

1　卵は水からゆではじめ、煮立ったら火を弱めて6〜8分ゆで、冷水にとって冷ます。▶前夜に用意
2　殻をむいて半分に切り、ごまと塩をふる。

甘味として
夏みかんのピール

作りおき
保存は冷蔵庫で2週間、冷凍庫で1〜2ヶ月

材料・作りやすい分量
夏みかんの皮　3個分
グラニュー糖　1½カップ
水　適量
仕上げまぶし用グラニュー糖
　適量

1　夏みかんの皮はよく洗い、5mm〜1cm幅に切り、内側の白いワタはそのままにする。熱湯でさっとゆで、ザルに上げる。ゆですぎると香りと苦みがとんでしまうので注意。
2　1の水気をきって鍋に入れ、グラニュー糖を加えてしばらくおく。水気が出てきたら弱火にかけ、黄金色になって汁気がなくなるまで煮る。
3　バットなどにとり出し、粗熱がとれたら、1本ずつグラニュー糖をまぶす。▶作りおき

前夜に用意

- えびは青梗菜の葉とベーコンを巻いておく
- 青梗菜の茎とにんじんの半月切りはゆでておく
- アスパラガスはゆでて食べやすい長さに切っておく
- オレンジは使う分だけ切っておく
- しば漬けも使う分だけセットしておく

えびのベーコン巻き弁当

えびは色合いも栄養も申し分なく、扱いやすさの点でもお弁当向きの素材。
ここでは、青菜とベーコンを巻いてボリューム感を出し、味にも奥行きを出します。
副菜には野菜料理を2品入れ、栄養のバランスをとります。

えびのベーコン巻き

材料・1人分
えび(無頭・殻つき) 3〜4尾
ベーコン(薄切り) 2枚
青梗菜の葉 3〜4枚
サラダ油 少々

1　えびは塩水で洗い、背ワタをとり、尾を残して殻をむき、水気を拭く。ベーコンは半分に切る。
2　ベーコンを広げて青梗菜をのせ、えびをのせて巻く。
▶前夜に用意
3　フライパンを熱してサラダ油をなじませ、2を焼く。

青梗菜とにんじんの練りごまあえ

材料・1人分
青梗菜の茎 1株
にんじんの半月切り 6枚
白練りごま 小さじ1
しょうゆ 小さじ1/2

1　青梗菜の茎とにんじんはゆで、ザルに上げて水気をきる。▶前夜に用意
2　ボウルに練りごまとしょうゆを入れて混ぜる。
3　1の青梗菜を食べやすい長さに切って水気をしっかりと絞り、にんじんとともに2に加えてあえる。

アスパラガスののり巻き

材料・作りやすい分量
アスパラガス 3〜4本
焼きのり 1枚
しょうゆ 少々

1　アスパラガスは根元のかたい部分の皮をむき、塩少々(分量外)を加えた湯でゆで、食べやすい長さに切る。▶前夜に用意
2　焼きのりは8つに切る。
3　焼きのりにしょうゆをさっとつけ、アスパラガスに巻きつける。

甘味として オレンジ

オレンジ適量は皮をむき、食べやすい大きさに切る。

えびのベーコン巻き
青梗菜とにんじんの練りごまあえ
アスパラガスののり巻き
ご飯＋しば漬け
オレンジ

ぶりのみそ漬け焼き弁当

切り身魚を自家製のみそ床に漬けておけば、あとは焼くだけ。
お弁当にも朝食にも重宝します。
卵焼きは具だくさんにしてボリュームを出します。
白花豆のはちみつ漬けで口直し。

- ぶりのみそ漬け焼き
- しらすとわかめの卵焼き
- 水菜のごま塩あえ
- 小松菜の塩もみ
- みょうがの赤梅酢漬け
- ご飯
- 白花豆のはちみつ漬け

前夜に用意

- ぶりのみそ漬けは作り、必要な分だけセットしておく
- 卵焼きの卵、しらす干し、わかめは刻んでおく
- 水菜は洗って水気をきっておく
- 小松菜の塩もみ、みょうがの赤梅酢漬け、白花豆のはちみつ漬けもセットしておく

ぶりのみそ漬け焼き

作りおき 保存は冷蔵庫で9〜10日

材料・作りやすい分量
ぶり　5切れ
みそ床
　みそ　400g
　みりん　大さじ4〜5
　（またはメープルシロップ　大さじ3）

1　ぶりは2〜3に切る。
2　みそ床の材料はよく混ぜ合わせる。
3　バットに2の半量を入れ、ガーゼを敷いてぶりを並べる。ガーゼをかぶせ、残りの2をのせて平らにする。ラップをして表面を軽く押さえてならし、冷蔵庫で1日以上漬ける。▶作りおき
4　ぶりをとり出し、グリルまたは焼き網で焼く。

しらすとわかめの卵焼き

材料・1人分
卵　1個
しらす干し　大さじ1
わかめ（刻む。▶前夜に用意）　大さじ1
酒　小さじ½
砂糖　小さじ1
塩　ひとつまみ
サラダ油　少々

1　卵は割りほぐし、しらす干し、わかめ、酒、砂糖、塩を加えて混ぜる。
2　フライパンを熱してサラダ油をなじませ、1の⅓量を流し入れて箸でざっと混ぜ、かたまってきたら奥から手前に向かって巻く。空いたスペースに残りの1の半量を流し入れ、かたまってきたら奥から手前に巻く。これをあと1回繰り返し、卵焼きを仕上げる。
3　粗熱がとれたら、食べやすい大きさに切り分ける。

水菜のごま塩あえ

材料・1人分
水菜　2〜3本
黒炒りごま　少々
塩　少々

1　水菜はざく切りにし、ごまと塩をふる。

小松菜の塩もみ

作りおき 保存は冷蔵庫で2日

材料・作りやすい分量
小松菜　5〜6株
塩　適量

1　小松菜はみじん切りにし、ボウルに入れ、塩を加えて手でもむ。少しおいて水気を絞る。▶作りおき
2　さらに水気を絞ってお弁当箱に詰める。

みょうがの赤梅酢漬け

作りおき 保存は冷蔵庫で2〜3ヶ月

材料・作りやすい分量
みょうが　20個
赤梅酢　適量

1　みょうがは熱湯にさっとくぐらせて水気を拭きとる。
2　瓶などに1を入れ、赤梅酢をひたひたに注ぎ入れ、色が真っ赤に染まるまで漬ける。▶作りおき
3　汁気をきり、縦半分に切ってお弁当箱に詰める。

甘味として
白花豆のはちみつ漬け

作りおき 保存は冷蔵庫で3〜4日

材料・作りやすい分量
白花豆（ゆでたもの）　1カップ
はちみつ　適量

1　容器に白花豆を入れ、はちみつをひたひたに加え、ひと晩以上おいて味をなじませる。▶作りおき
2　汁気をきってお弁当箱に詰める。

39

前夜に用意
- さわらは下味をつけておく
- じゃがいもは皮をむいて1cm厚さに切り、水洗いしておく
- ターツァイは1枚ずつにし、セロリは薄切り、ベーコンは3〜4つに切っておく
- 酢ごぼう、豆みそ、いちごもセットしておく

さわらのカレー粉焼き弁当

カレー粉はお弁当向きのスパイス。切り身魚をカレー粉でマリネするとスパイシーで冷めてもおいしく、食欲をそそります。カリッとした豆みそ、シャキッとした酢ごぼうなど、食感の違うおかずを組み合わせるのもポイントです。

さわらのカレー粉焼き

材料・1人分
さわら　1切れ
カレー粉　小さじ2
塩　適量
オリーブオイル　小さじ2
じゃがいも　1個

1　さわらは半分に切り、塩少々、カレー粉の順にまぶす。じゃがいもは皮をむいて7〜8mm厚さに切る。▶前夜に用意
2　フライパンを熱してオリーブオイルをなじませ、1のさわらを入れてこんがりと焼く。フライパンの空いているスペースにじゃがいもを入れ、両面焼いて中まで火を通し、塩少々をふる。

ターツァイのベーコン炒め

材料・1人分
ターツァイ（またはほかの青菜）　小3〜4枚
セロリ　3cm
ベーコン　1枚
サラダ油　少々
塩　少々

1　ターツァイは食べやすい大きさに切る。セロリは筋をとって薄切りにする。ベーコンは3〜4つに切る。▶前夜に用意
2　フライパンにサラダ油をなじませ、ベーコンを入れて焼き、ベーコンから脂が出たらターツァイ、セロリを加えて炒める。軽く塩をふる。

酢ごぼう

作りおき
保存は冷蔵庫で1〜2ヶ月

材料・作りやすい分量
ごぼう（細いもの）　2本
米酢　適量

1　ごぼうは皮を洗って瓶のサイズに合わせて切り、瓶に入れる。
2　1にかぶるくらいの米酢を注ぎ入れ、1週間ほど漬ける。▶作りおき
3　汁気をきり、食べやすい大きさに切ってお弁当箱に詰める。

豆みそ

作りおき
保存は冷蔵庫で約10日

材料・作りやすい分量
大豆　½カップ
みそ　小さじ2
みりん　小さじ1

1　大豆はたっぷりの水に20分浸し、水気を拭きとる。
2　フライパンに1を入れ、よく炒り、焼き色がついてポリポリと食べられるくらいになったら、みそとみりんを加えてからめる。▶作りおき

甘味として いちご

いちご1粒は洗ってヘタをとり、水気を拭く。

さわらのカレー粉焼き
ターツァイのベーコン炒め
酢ごぼう
豆みそ
ご飯
いちご

鮭のゆず風味焼き弁当

ゆずとしょうゆを合わせたたれに
鮭を漬けておき、こんがりと焼き上げます。
副菜は青菜、小芋。
甘味に干し柿を入れた、秋のお弁当です。

前夜に用意

- 鮭のゆず風味焼きは作っておく
- 小松菜はゆでて食べやすく切っておく
- 小芋は蒸しておく。メープルみそは作っておく
- 干し柿も使う分だけセットしておく

鮭のゆず風味焼き

材料・1人分
生鮭　1切れ
ゆず　1個
しょうゆ　小さじ1½

1　ゆずは5mm厚さに2枚ほど切り、ひと口大に切り分ける。残りは果汁を搾る。ゆず、果汁、しょうゆを合わせる。
2　鮭は3等分に切り、焼き網でこんがりと焼く。
3　焼きたての2を1に漬ける。▶前夜に用意
4　3の汁気をきり、お弁当箱に詰める。

蒸し小芋のメープルみそあえ

材料・1人分
小芋　2〜3個
メープルみそ
　みそ　小さじ1½
　メープルシロップ　小さじ1
白炒りごま　少々

1　小芋は皮ごと蒸す。メープルみその材料は混ぜておく。▶前夜に用意
2　小芋の皮をむき、メープルみそとあえ、ごまをふる。

小松菜のお浸し

材料・1人分
小松菜　2〜3本
削り節　½袋
しょうゆ　少々

1　小松菜はゆでてザルに上げて水気を絞り、食べやすい長さに切る。▶前夜に用意
2　お弁当箱に詰め、削り節にしょうゆをたらして湿らせ、上にのせる。

甘味として 干し柿

½〜1個をお弁当箱に詰める。

鮭のゆず風味焼き
蒸し小芋のメープルみそあえ
小松菜のお浸し
ご飯＋黒ごま塩
干し柿

前夜に用意

- 帆立て貝柱は塩をふっておく
- スティック野菜は使う分だけ切り分けておく
- ピリ辛みそマヨネーズの材料は容器に入れておく
- 豚肉入りきんぴら、キウイもセットしておく

帆立ての塩焼き

材料・1人分
帆立て貝柱　2個
酒、塩　各少々
実山椒のつくだ煮または粉山椒　少々

1　帆立て貝柱は酒と塩をふっておく。▶前夜に用意
2　焼き網を熱し、1をのせて両面焼く。
3　お弁当箱に詰め、実山椒のつくだ煮をふる。

帆立ての塩焼き弁当

えびと並んで使い勝手がよいのが帆立て貝柱。
ここではシンプルに塩焼きにし、実山椒のつくだ煮をふります。
きんぴらは豚肉入り、生野菜はピリ辛みそマヨネーズを添え、
味にメリハリをつけます。

豚肉入りきんぴら

材料・作りやすい分量
豚薄切り肉　50g
にんじん　1/4本
ごぼう　5cm
ごま油　小さじ1/2強
酒　小さじ2
みりんまたはメープルシロップ
　小さじ1弱
しょうゆ　小さじ1

作りおき
保存は冷蔵庫で2〜3日

1　豚肉は小さめに切る。にんじんは皮をむき、ごぼうは皮を洗い、それぞれ太めのささがきにする。
2　鍋を熱してごま油をなじませ、豚肉を炒め、豚肉の色が変わったらにんじんとごぼうを加えて炒め合わせる。
3　酒、みりん、しょうゆを加え、汁気がなくなるまで混ぜながら煮る。▶作りおき

スティック野菜＆ピリ辛みそマヨネーズ

材料・1人分
きゅうり　1/3本
セロリ　6cm
パプリカ（赤・黄）　適量
キャベツ　適量
ピリ辛みそマヨネーズ
　マヨネーズ（p.64参照）　大さじ2
　みそ　小さじ1
　豆板醤　小さじ1/2

1　きゅうり、セロリ、パプリカはスティック状に切る。キャベツは食べやすい大きさに切る。
2　1をお弁当箱に詰め、別の容器にピリ辛みそマヨネーズを入れて添える。

甘味として キウイ

皮をむいて食べやすい大きさに切る。

帆立ての塩焼き
豚肉入りきんぴら
スティック野菜＆ピリ辛みそマヨネーズ
ご飯
キウイ

干もののごま酢あえ弁当

魚の干ものも味つけにひと工夫します。
ここでは一夜干しを使ってごま酢あえを作ります。
玄米ご飯の横には、食がすすむ高菜風味のひき肉炒めを添えて。

前夜に用意
- いわしの一夜干しはお弁当箱に
  詰められる長さに切っておく
- きゅうりはそのまま、または半分に切っておく
- のりは適当な大きさに切っておく
- ひき肉炒めは必要な分だけとり分け、
  刻んだ高菜漬け、赤ピーマン、しょうがを加えておく
- 半干しにんじんは使う分だけとり分け、
  ピーナツバターはセットしておく

干もののごま酢あえ

材料・1人分
いわし（またはあじ、さんまなど）の一夜干し　1尾分
ごま酢
　白半ずりごま　大さじ2
　米酢　大さじ1
　しょうゆ　小さじ½
きゅうり　1本
焼きのり　適量

1　いわしの一夜干しはお弁当箱に詰められる大きさに切る。▶前夜に用意
2　1を焼き網で焼く。半割りにして中骨を除く。
3　ごま酢の材料を混ぜ合わせ、2を加えてあえる。
4　きゅうりは輪切りにして塩少々（分量外）をふって手でもみ、水気をギュッと絞る。3に加えて10分おく。
5　4の汁気をきり、焼きのりをちぎって加え、ざっとあえる。

ひき肉炒めの高菜あえ

材料・1人分
ひき肉炒め（作りやすい分量）
　豚ひき肉　100g
　ごま油　小さじ1
　酒　小さじ2
　しょうゆ　小さじ2
高菜漬けのみじん切り　大さじ2
赤ピーマンのみじん切り（あれば）
　小さじ1
しょうがのみじん切り　小さじ1

作りおき
保存は冷蔵庫で3～4日

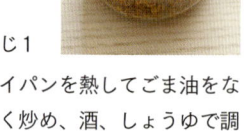

1　ひき肉炒めを作る。フライパンを熱してごま油をなじませ、豚ひき肉を入れてよく炒め、酒、しょうゆで調味する。▶作りおき
2　1を適量とり分け、高菜漬け、赤ピーマン、しょうがを加える。▶前夜に用意
3　2を混ぜ合わせる。

甘味としても
半干しにんじんのピーナツじょうゆがらめ

材料・1人分
にんじん　½本
ピーナツバター（チャンクタイプ）　大さじ1½
しょうゆ　少々
サラダ油　少々

1　にんじんは薄切りにし、ザルなどの上にのせて天日で1日干す。▶前夜に用意
2　ピーナツバターにしょうゆを加えてのばす。
3　1をサラダ油で炒め、2であえる。

| 干もののごま酢あえ
| ひき肉炒めの高菜あえ
| 玄米ご飯（p.16参照）
| 半干しにんじんのピーナツじょうゆがらめ

卵は色、味ともにお弁当に欠かせないアイテム。
卵の入っているお弁当は、それだけでおいしそうに見えるから不思議です。
ここでは、たらこと青ねぎが入った卵焼きが主役。
れんこんと鶏肉の甘辛炒めも詰め合わせ、満足感のある献立に仕上げます。

卵焼き弁当

たらこと青ねぎの卵焼き

材料・1人分
卵　1個
たらこ　¼腹
青ねぎ（万能ねぎ、あさつきなど）　1本
酒　小さじ½
ごま油　少々

1　たらこは薄皮をとってほぐし、青ねぎは小口切りにする。▶前夜に用意
2　卵を割りほぐし、1、酒を加えて混ぜる。
3　フライパンを熱してごま油をなじませ、2の⅓量を流し入れて箸でざっと混ぜ、かたまってきたら奥から手前に向かって巻く。空いたスペースに残りの2の半量を流し入れ、かたまってきたら奥から手前に巻く。これをあと1回繰り返し、卵焼きを仕上げる。
4　粗熱がとれたら、食べやすい大きさに切り分ける。

れんこんと鶏肉の甘辛炒め

材料・1人分
れんこん　2cm
鶏もも肉　½枚
片栗粉　適量
ごま油　小さじ1
みりんまたはメープルシロップ　小さじ1½
米酢　小さじ1
しょうゆ　小さじ1
ししとう　3〜4本

1　れんこんは5mm〜1cm厚さの半月切りにし、酢水（分量外）につけて水気をきる。鶏肉は小さめのひと口大に切る。それぞれ片栗粉をまぶす。▶前夜に用意
2　フライパンを熱してごま油をなじませ、ししとうを入れてさっと炒め、とり出す。
3　2のフライパンに鶏肉を入れて焼き、れんこんを加えて炒め合わせ、みりん、米酢、しょうゆで調味する。
4　2と3を合わせてお弁当箱に詰める。

前夜に用意

- たらこは薄皮をとってほぐし、青ねぎは小口切りにしておく
- れんこんと鶏肉は切って片栗粉をまぶしておく
- ほうれん草はゆでて食べやすい大きさに切っておく
- 栗の甘露煮は洗って水気を拭いておく
- 卵、ししとうもセットしておく

ほうれん草のお浸し

材料・1人分
ほうれん草　3株
削り節　½パック
しょうゆ　2〜3滴

1　ほうれん草はゆで、ザルに上げて水気を絞り、食べやすい長さに切る。▶前夜に用意
2　お弁当箱に詰め、削り節にしょうゆをたらして湿らせ、添える。

甘味として 栗の網焼き

材料・1人分
栗の甘露煮　1〜2個

1　栗の甘露煮はみつを洗い流して拭く。▶前夜に用意
2　焼き網を熱し、1をのせて焼き色がつくまで焼く。

たらこと青ねぎの卵焼き
れんこんと鶏肉の甘辛炒め
ほうれん草のお浸し
ご飯＋梅干し
栗の網焼き

前夜に用意
- ブロッコリーは塩ゆでにしておく
- プルーンにはパンチェッタを巻いておく
- 卵、ラディッシュ、粒マスタードもセットしておく

目玉焼きのせ玄米弁当

玄米ご飯と卵は好相性。ここでは深めのお弁当箱を用い、目玉焼きをのせます。オリーブオイルで焼くと白身がカリッとして美味。しょうゆをたらして黄身をくずし、玄米ご飯といっしょにいただきます。パンチェッタを巻いたプルーンは甘いので、甘味代わりにもなります。

目玉焼きのせ玄米ご飯

材料・1人分
玄米ご飯（p.16参照）　適量
卵　1個
オリーブオイル　小さじ1
しょうゆ　少々

1　フライパンにオリーブオイルを熱して卵を割り入れ、白身がカリッとなるまで焼いて目玉焼きを作る。
2　お弁当箱に玄米ご飯を詰め、1をのせる。しょうゆを別容器に入れて添える。

ブロッコリーのマスタードあえ

材料・1人分
ブロッコリー　4房
粒マスタード　小さじ½

1　ブロッコリーは塩ゆでにする。▶前夜に用意
2　1を粒マスタードであえる。

ラディッシュ

ラディッシュ4個は葉を切り落とす。

甘味としても プルーンのパンチェッタ巻き

材料・1人分
パンチェッタ（薄切り）　3枚
プルーン　3個

1　プルーンはパンチェッタを巻く。▶前夜に用意
2　フライパンに1を入れて熱し、ときどき転がしながらこんがりと焼く。

目玉焼きのせ玄米ご飯
ブロッコリーのマスタードあえ
ラディッシュ
プルーンのパンチェッタ巻き

前夜に用意
- 厚揚げは切っておく
- スナップえんどうは筋をとってゆでておく
- キャベツと青じその浅漬けは作っておく
- ラズベリーは洗って水気を拭いておく
- 卵はセットしておく
- こんにゃくと牛肉のしょうが煮もセットしておく

牛肉というよりは、牛肉のうまみがしっかりとしみたこんにゃくがメイン。
厚揚げ、卵焼きをとり合わせ、たんぱく質はちゃんととります。
シャキシャキのスナップえんどう、浅漬けがアクセント。

こんにゃくと牛肉のしょうが煮弁当

こんにゃくと牛肉のしょうが煮

材料・作りやすい分量
こんにゃく　½枚
牛薄切り肉　50g
しょうが　1かけ
ごま油　小さじ1
酒　大さじ2
みりん　小さじ2
しょうゆ　小さじ2
水　大さじ2

作りおき
保存は冷蔵庫で4～5日

1　こんにゃくは下ゆでし、ひと口大にちぎる。牛肉は食べやすい大きさに切り、しょうがは薄切りにする。
2　鍋を熱してごま油をなじませ、こんにゃくを入れてよく炒め、牛肉としょうがを加えて炒め合わせる。
3　酒、みりん、しょうゆ、分量の水を加え、汁気がなくなるまで煮る。▶作りおき

厚揚げの山椒焼き

材料・1人分
厚揚げ　3㎝
ごま油　少々
塩　少々
粉山椒　少々

1　厚揚げは1㎝厚さに切る。▶前夜に用意
2　フライパンを熱してごま油をなじませ、厚揚げを入れて香ばしく焼き、塩と粉山椒をふる。

甘い卵焼き

材料・1人分
卵　1個
塩　ひとつまみ
酒　小さじ1
砂糖またはメープルシロップ　小さじ1½
サラダ油　少々

1　卵は割りほぐし、塩、酒、砂糖を混ぜる。
2　フライパンを熱してサラダ油をなじませ、1を流し入れ、かき混ぜながら火を通してまとめる。

スナップえんどう

スナップえんどう3本は筋をとり、塩少々（分量外）を加えた湯でシャキシャキとした歯応えが残るくらいにゆでる。▶前夜に用意

キャベツと青じその浅漬け

材料・作りやすい分量
キャベツ　1枚
青じそ　3枚
塩　少々

1　キャベツは太めのせん切りにし、青じそはせん切りにする。
2　ボウルに1を入れ、塩を加えて手で混ぜ、しばらくおく。水気が出たらしっかりと絞る。▶前夜に用意

甘味として ラズベリー

ラズベリーは洗って水気を拭く。▶前夜に用意

こんにゃくと牛肉のしょうが煮
厚揚げの山椒焼き
甘い卵焼き
スナップえんどう
キャベツと青じその浅漬け
ご飯
ラズベリー

なすと厚揚げのひき肉炒め弁当

作りおきのひき肉炒め、きゅうりの辛み漬け、
さつまいものメープルシロップ煮……。
常備菜や冷蔵庫にあるものを組み合わせた
バランス弁当。野菜たっぷりが魅力です。

前夜に用意

- なすは半分に切り、水にさらして水気をきっておく
- さやいんげんは食べやすい長さに切っておく
- 厚揚げはひと口大に切っておく
- たらこは必要な分だけ切り分けておく
- ひき肉炒め、きゅうりの辛み漬け、
  さつまいものメープルシロップ煮、
  昆布のみそ漬けもセットしておく

なすと厚揚げのひき肉炒め

材料・1人分
ひき肉炒め（作りやすい分量）
　豚ひき肉　100g
　ごま油　小さじ1
　酒　小さじ2
　しょうゆ　小さじ2
なす　½本
さやいんげん　2本
厚揚げ　¼枚
揚げ油　適量

作りおき
保存は冷蔵庫で4〜5日

1　ひき肉炒めを作る。フライパンを熱してごま油をなじませ、豚ひき肉を入れてよく炒め、酒、しょうゆで調味する。▶作りおき
2　なすは水にさらして水気をきり、さやいんげんと厚揚げはひと口大に切る。▶前夜に用意
3　揚げ油を中温に熱し、なすをひと口大の乱切りにして揚げる。続いてさやいんげんも揚げる。
4　フライパンを熱してひき肉炒め30gを入れて炒め直し、厚揚げを加えて炒め合わせ。3のなすとさやいんげんを加えてひき肉をからめるように混ぜる。

きゅうりの辛み漬け

作りおき
保存は冷蔵庫で2〜3日

材料・作りやすい分量
きゅうり　1本
しょうが　小1かけ
ごま油　小さじ½
粉唐辛子　少々

1　きゅうりは縦半分に切って種をとり、3cm長さに切り、塩少々（分量外）でもむ。しょうがはせん切りにする。
2　1にごま油、粉唐辛子を加えて混ぜる。▶作りおき

昆布のみそ漬け

作りおき
保存は冷蔵庫で1ヶ月

みそに漬けておいた昆布を細く刻む。▶作りおき

焼きたらこ

甘塩たらこ¼腹を焼き網で焼き、斜め切りにする。

甘味として
さつまいもの
メープルシロップ煮

作りおき
保存は冷蔵庫で3〜4日

材料・作りやすい分量
さつまいも　1本
メープルシロップ　大さじ3
水　適量
塩　ひとつまみ

1　さつまいもは皮つきのまま1cm幅の輪切りにし、ひたひたの水で下ゆでし、ゆでこぼす。
2　1の鍋にメープルシロップを加え、新たに水をひたひたに注ぎ入れる。塩を加え、落としぶたをして弱火で静かに煮る。▶作りおき
3　汁気をきっておく。▶前夜に用意

なすのひき肉炒め
きゅうりの辛み漬け
昆布のみそ漬け
焼きたらこ
ご飯
さつまいものメープルシロップ煮

じゃこと大根菜の
ふりかけご飯弁当

大根菜とじゃこで作ったふりかけをたっぷりかけた玄米ご飯が主役。練りごまを使った牛肉炒め、ピクルス入りマヨネーズでいただく蒸し野菜を添え、ヘルシーとボリュームの両方を満足させるお弁当に。

前夜に用意

- じゃこと大根菜のふりかけは作っておく
- 牛肉は細切りにしておく
- 白炒りごまはすっておく
- ズッキーニは輪切りにし、蒸す
  さやいんげんも蒸し、食べやすい長さに切っておく
- きゅうりのピクルスは汁気をきっておく

じゃこと大根菜のふりかけご飯

材料・作りやすい分量
じゃこと大根菜のふりかけ
　ちりめんじゃこ　½カップ
　大根菜（茎の部分）　1本分
　塩　少々
玄米ご飯（p.16参照）　適量

1　大根菜は細かく刻み、塩を加えて手でもみ、水気をしっかりと絞る。
2　鍋に1を入れてから炒りし、水分が少し飛んだらちりめんじゃこを加え、いっしょにから炒りする。▶前夜に用意
3　お弁当箱に玄米ご飯を詰め、2をたっぷりとかける。

牛肉のごま炒め

材料・1人分
牛もも肉　80g
牛肉の下味
　ごま油　小さじ1
　しょうがの搾り汁　1かけ分
酒　大さじ1
しょうゆ　小さじ1
白練りごま　小さじ1
白炒りごま　小さじ2

1　牛肉は細切りにし、炒りごまはする。▶前夜に用意
2　1の牛肉にごま油としょうがの搾り汁をまぶす。
3　鍋に2を入れて火にかけ、混ぜながら炒り煮し、火が通ったら酒、しょうゆ、練りごまを加えて調味する。仕上げにごまをふってからめる。

蒸し野菜＆ピクルスマヨネーズ

材料・1人分
ズッキーニ　⅓本
さやいんげん　3～4本
マヨネーズ（p.64参照）　適量
きゅうりのピクルス　適量

1　ズッキーニは5～6mm厚さの輪切りにし、さやいんげんとともに蒸す。さやいんげんは、食べやすい長さに切る。▶前夜に用意
2　きゅうりのピクルスを刻み、マヨネーズと混ぜ合わせる。
3　1をお弁当箱に詰め、別の容器に2を入れて添える。

甘味として
いちごのレモンマリネ

作りおき
保存は冷蔵庫で1～2日

材料・1人分
いちご　4～5個
グラニュー糖　小さじ1
レモンの搾り汁　小さじ1
レモンの皮のすりおろし　少々

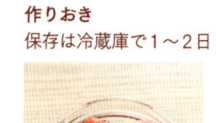

1　いちごは洗ってヘタをとり、縦半分に切る。
2　1を容器に入れ、グラニュー糖、レモンの搾り汁を加える。
3　レモンの皮のすりおろしを加える。▶作りおき

| じゃこと大根菜のふりかけご飯
| 牛肉のごま炒め
| 蒸し野菜＆ピクルスマヨネーズ
| いちごのレモンマリネ

玄米の黒ごまおむすび弁当

玄米ご飯と黒ごま塩の組み合わせは絶妙。
これだけで十分お弁当の主役ですが、
野菜のおかずを取り合わせて2段弁当に仕立てます。
ほうれん草は葉と茎を使い分けるのがポイント。

前夜に用意

- 黒炒りごまは半ずりにし、塩と混ぜておく
- にんじんは食べやすい大きさの薄切りにし、桜えびと合わせておく
- ミニほうれん草はゆでて水気を絞り、葉と茎に分け、葉は食べやすい長さに切っておく
- 豚肉は食べやすい大きさに切っておく
- さつまいもは必要な分だけ切っておく

玄米の黒ごまおむすび

材料・1人分
玄米ご飯(p.16参照)　適量
黒炒りごま　適量
塩　少々

1　ごまは半ずりにし、塩と混ぜる。▶前夜に用意
2　玄米ご飯を手水と塩をつけて俵形にむすび、1を全体にまぶす。

桜えびとにんじんの天ぷら

材料・1人分
桜えび　大さじ2
にんじん　1/4本
溶き卵　2/3個分
小麦粉　大さじ3
水　適量
揚げ油　適量
塩　少々

1　にんじんは皮をむいて食べやすい大きさの薄切りにし、桜えびと合わせる。▶前夜に用意
2　溶き卵に小麦粉をふり入れて混ぜ合わせ、1を加えて混ぜる。水を少しずつ加え、にんじんと桜えびがまとまるくらいのかたさにする。
3　揚げ油を中温に熱し、2を箸でひとつまみずつ入れ、きつね色にカラリと揚げる。熱いうちに塩をふる。

豚肉とほうれん草炒め

材料・1人分
ミニほうれん草の茎
　(ゆでたもの。▶前夜に用意)　5〜6茎分
豚薄切り肉　50g
下味
　酒　小さじ1
　おろししょうが　少々
　しょうゆ　小さじ1
片栗粉　少々
ごま油　小さじ1
しょうゆ　小さじ1

1　豚肉は食べやすい大きさに切る。▶前夜に用意
2　1に下味の材料を加えて手でもみ込み、片栗粉をまぶす。
3　フライパンを熱してごま油をなじませ、2の豚肉を入れて炒め、ミニほうれん草の茎を加えて炒め合わせ、しょうゆを回し入れて味をからめる。

ほうれん草のごま油じょうゆあえ

材料・1人分
ミニほうれん草の葉(ゆでて食べやすい長さに
　切ったもの。▶前夜に用意)　5〜6茎分
ごま油　少々
しょうゆ　少々

1　ミニほうれん草の葉をごま油としょうゆであえる。

甘味として さつまいものはちみつがらめ

材料・1人分
さつまいも　1/3本
揚げ油　適量
はちみつまたはメープルシロップ　適量

1　さつまいもは皮ごとひと口大の乱切りにし、水にしばらくつけてアクをとり、水気を拭く。
2　揚げ油を中温に熱し、1を入れて揚げる。
3　さつまいもが熱いうちにはちみつをからめる。

玄米の黒ごまおむすび
桜えびとにんじんの天ぷら
豚肉とほうれん草炒め
ほうれん草のごま油じょうゆあえ
さつまいものはちみつがらめ

前夜に用意

- ベーコンは刻み、あさつきは小口切りにしておく
- れんこんは5mm厚さに切り、酢水につけておく
- ししゃもはセットしておく
- クレソンは茎のかたい部分をとり除き、食べやすい長さに切る
- 白玉は丸めてラップで包んでおく

玄米チャーハン弁当

玄米を油で炒めるとコクと甘みが出て美味。
冷めてもおいしいので、お弁当にも向いています。
シンプルおかずが合うので、ただ焼いただけの魚とれんこん、
ゆでた青菜を組み合わせます。

玄米チャーハン

材料・1人分
玄米ご飯(p.16参照)　適量
ベーコン　1枚
あさつき　2本
サラダ油　少々
塩　少々

1　ベーコンは刻み、あさつきは小口切りにする。▶前夜に用意
2　フライパンを熱してサラダ油をなじませ、ベーコンを入れて炒める。カリッとしたら玄米ご飯を加えてさらに炒め、塩で味を調え、あさつきを加えて混ぜる。

ししゃもとれんこんの網焼き

材料・1人分
ししゃも　2尾
れんこん　5mm厚さのもの3～4切れ
しょうゆ　少々

1　れんこんは酢水につける。▶前夜に用意
2　焼き網を熱し、汁気をきった1としゃもにしょうゆをふり、こんがりと焼く。

クレソンのお浸し

材料・1人分
クレソン　1束
しょうゆ　少々

1　クレソンは軸のかたい部分をとり除き、食べやすい長さに切る。▶前夜に用意
2　1をさっとゆで、ザルに上げて水気をきり、しょうゆをたらして汁気をしっかりと絞る。

甘味として 白玉のメープルがけ

材料・1人分
白玉粉　1/4カップ
水　適量
メープルシロップ　適量

1　ボウルに白玉粉を入れ、分量の水を少しずつ加えて耳たぶくらいのかたさにこね、まとめる。小さい団子状に丸め、指で押して平たくつぶす。▶前夜に用意
2　鍋に湯を沸かし、1を入れてゆで、浮いてきたらすくい、水にとり、ザルに上げて水気をきる。
3　小さい容器に入れ、メープルシロップをひたひたに注ぐ。

玄米チャーハン
ししゃもとれんこんの網焼き
クレソンのお浸し
白玉のメープルがけ

part 2 | 晴れたら、お弁当

「お天気がいいわね、今日のお昼は外で食べましょうか」。誰かが言えば、みんな大賛成。食卓で食べようとしていたお昼ごはんを、思い立ってお盆にのせたままベランダや庭に持ち出していただく、うちではよくあることです。天気のいい日、肌に風を感じながら外でいただくランチは、なおさらおいしく、気持ちがいいもの。特別なお弁当でなくていいんです。いつものご飯とおかずを鍋ごと持ち出し、庭やベランダで食べると、いつもと違うおいしさに出会えます。

　近くの公園や川の土手など、近所にもお弁当を食べるのに格好な場所はけっこうあるものです。普段の食器もちょっと布巾に包めば大丈夫、鍋や飲みものも籠やザルに入れれば安定して持ち出せます。同じものでも外で食べるとどうしてこんなにおいしいのでしょう。空気がなせる業ですね。家族、ご近所さん、お友だちと、ちょっとしたよい時間がもてます。もちろん、ひとりで、日なたぼっこをしながらのお弁当も結構楽しいものですよ。

カツサンド弁当

サクッと揚がったヒレカツに、ソースをたっぷりとつけ、
キャベツといっしょにサンドイッチに。
パンにはさんだら、フライパンで焼きつけて
トーストサンドにするのがポイント。
こうするとキャベツ、ヒレカツ、
パンのおいしさが一体になり、この上ない味わいです。

カツサンド

材料・4〜5人分
豚ヒレ肉　400〜500g
塩、こしょう　各適量
衣
　小麦粉、溶き卵、パン粉　各適量
揚げ油　適量
薬膳ソースまたは好みのソース　適量
キャベツのせん切り　4〜5枚分
食パン(8枚切り)　10枚

1　豚肉はパンの横幅に合わせて切り、繊維に沿って1cm厚さくらいにロール状に切り開く(または観音開きにする)。両面にかのこに切り目を入れる。
2　1に軽く塩、こしょうをし、小麦粉、溶き卵、パン粉の順に衣をつける。
3　揚げ油を中温に熱し、2を入れ、ときどき返しながらきつね色に揚げる。
4　3の両面にソースをたっぷりとまぶす。
5　食パンを2枚1組にし、キャベツ、4のヒレカツ、キャベツの順にはさむ。
6　フライパンを温めて5を1組入れ、パンを上から押さえながら、両面焼く。残りも同様にして焼く。半分に切ってお弁当箱に詰める。

緑の野菜とトマト&手作りマヨネーズ

材料・4〜5人分
アスパラガス　5本
きゅうり　2本
フルーツトマト　2〜3個
手作りマヨネーズ(作りやすい分量)
　卵　1個
　塩　小さじ½
　米酢　大さじ1
　こしょう　少々
　オリーブオイル　½カップ
　上質なサラダ油　⅓〜½カップ

1　アスパラガスは根元のかたい部分の皮をむき、塩少々(分量外)を加えた熱湯でゆでる。水気をきって2〜3等分に切る。
2　きゅうりはスティック状に切り、フルーツトマトは半分に切る。
3　手作りマヨネーズを作る。ミキサーに卵、塩、米酢、こしょうを入れ、オリーブオイルとサラダ油を糸状にたらしながら撹拌する。別容器に入れて野菜に添える。

甘味として いちご

いちご適量はヘタつきのまま洗って水気をきる。

カツサンド
緑の野菜とトマト＆手作りマヨネーズ
いちご

常備菜弁当

常備菜やいつものおかずをお弁当仕立てに。
ひじきの煮ものはひじきだけを
煮ておくのがわたし流、ひき肉炒めは
いろいろな料理に使い回せるように
シンプルな味にしておく、あり合わせの野菜は
塩もみしておく……など、「おかずの素」は
お弁当作りに重宝します。

鶏手羽元の素揚げ

材料・3〜4人分
鶏手羽元　8本
揚げ油　適量
しょうゆ　少々

1　鶏肉は蒸し器で15分ほど蒸して余分な脂や水分をとり（ゆでてもよい）、冷まして水気を拭く。
2　揚げ油を中温に熱し、1を入れてカラリと揚げる。
3　揚げたてにしょうゆをまぶす。

塩もみ野菜のサラダ

材料・3〜4人分
塩もみ野菜
　キャベツ　2〜3枚
　きゅうり　2本
　玉ねぎ　½個
　塩　適量
オリーブオイル、米酢　各適量
こしょう　適量

1　塩もみ野菜を作る。キャベツはひと口大に切り、きゅうりは小口切りにし、玉ねぎは薄切りにする。
2　1をボウルに入れ、塩をふって手でもみ、しばらくおく。水気が出たらギュッと絞る。
3　2をボウルに戻し、オリーブオイルと米酢、こしょうを加えてあえる。

ひじき煮と野菜

材料・作りやすい分量
ひじき煮
　長ひじき（乾燥）　20g
　ごま油　大さじ2
　酒　大さじ3
　みりん　大さじ3
　しょうゆ　大さじ3
にんじん　½本
さやいんげん　7〜8本
白炒りごま　適量

1　ひじき煮を作る。ひじきはたっぷりの水につけて戻し、水気をきって食べやすい長さに切る。
2　フライパンを熱してごま油をなじませ、1を入れて炒め、酒、みりんを加えて混ぜ、しょうゆを加えて汁気がなくなるまで煮る。
3　にんじんは皮をむいて細切りにし、さやいんげんも細切りにし、さっとゆでて水気をきる。
4　2に3を混ぜ、ごまをふる。

ひき肉炒めとニラの卵焼き

材料・3〜4人分
ひき肉炒め
　豚ひき肉　100g
　ごま油　大さじ1
　しょうゆ　大さじ1
ニラ　½束
卵　4個
塩　少々
酒　大さじ1
ごま油　適量

1　ひき肉炒めを作る。フライパンを熱してごま油をなじませ、ひき肉を入れてよく炒め、しょうゆで調味する。
2　ボウルに卵を割りほぐし、塩と酒を加え、1、ニラを刻んで加え、混ぜる。
3　フライパンをよく熱してごま油をなじませ、2の卵液を流して全体に広げる。上面が乾くまで焼くか、170℃のオーブンで15分ほど焼き、切り分ける。

おむすびとのり

材料・3〜4人分
ご飯　2〜3カップ分
塩　適量
焼きのり　適量

1　ご飯は手水と塩をつけて俵形にむすぶ。
2　焼きのりは別に持っていき、食べるときに巻く。

| 鶏手羽元の素揚げ
| 塩もみ野菜のサラダ
| ひじき煮と野菜
| ひき肉炒めとニラの卵焼き
| おむすびとのり
| カットパイン

肉じゃが弁当

小さめの鍋で肉じゃがを作り、
常備菜と干ものを焼いて
お昼ご飯に。大きめの籠にセットすれば
それだけで立派なお弁当になります
いつもの食卓をオープンエアで楽しむ、
そんな発想から生まれました。

肉じゃが

材料・4〜5人分
牛薄切り肉　150g
じゃがいも　3〜4個
玉ねぎ　1個
しらたき　1袋
スナップえんどう　10本
サラダ油　大さじ2
水　1カップ
酒　大さじ3
砂糖　大さじ3
しょうゆ　大さじ3

1　牛肉は食べやすい大きさに切る。じゃがいもは皮をむいて4つに切り、玉ねぎは繊維に沿って4〜5cm幅に切る。しらたきは下ゆでして食べやすい長さに切る。スナップえんどうは筋をとってゆで、斜め半分に切る。
2　鍋を熱してサラダ油をなじませ、牛肉を入れてさっと炒め、分量の水を加えて煮立て、アクをとる。酒、砂糖、½量のしょうゆを加え、じゃがいも、しらたきを入れて落としぶたをし、やわらかくなる少し手前まで煮る。
3　玉ねぎを加えて少し煮、残りのしょうゆを加えて味をなじませる。スナップえんどうを加えてひと混ぜする。

炒めなます

材料・4〜5人分
ごぼう（細いもの）　1本
にんじん　½本
大根の皮　½本分
れんこん　小1節
油揚げ　1枚
ごま油　大さじ1½
みりんまたはメープルシロップ
　大さじ1½〜2
米酢　大さじ3
酒　大さじ1
しょうゆ　小さじ2
塩　小さじ⅓〜½
白半ずりごま　大さじ3

1　ごぼうは皮を洗い、にんじんは皮をむき、4〜5cm長さの細切りにする。大根の皮も同じくらいの太さに切る。れんこんは皮をむいて薄い半月切りにする。ごぼうとれんこんは酢水（分量外）に5分ほどつけ、水気をきる。油揚げは油抜きをし、ごく細く切る。
2　鍋を熱してごま油をなじませ、1を入れてよく炒める。
3　みりん、米酢、酒を加えてさらに少し炒め、しょうゆと塩を加えて汁気がなくなるまで炒め合わせる。仕上げにごまを加えて混ぜる。

梅干し入り塩もみ野菜

材料・4〜5人分
きゅうり　2本
キャベツ　2〜3枚
青じそ　5枚
みょうが　3個
塩　少々
梅干し　1〜2個

1　きゅうりは小口切りにし、キャベツは小さめのざく切りにする。青じそはせん切りにし、みょうがは薄切りにする。
2　1をボウルに入れ、塩を加えて手でもみ、水気をしっかりと絞る。
3　梅干しの種をとり除いてちぎり、2に加えて混ぜる。

あじの干物

材料・4〜5人分
あじの干もの（市販）　2〜3枚

1　あじの干ものを焼き網で焼き、頭と尾の部分を切り落とし、食べやすい大きさに切る。

| 肉じゃが
| 炒めなます
| 梅干し入り塩もみ野菜
| あじの干物
| ご飯
| 好みの飴

菜巻きおむすび弁当

漬けもののうまみがご飯にしみ込んで、
ほんのり塩気もあり、
さっぱりいただけるのが、菜巻きおむすびの魅力。
おかずには、甘酢をからめた肉団子、
しょうゆ味の効いた夏野菜。
食欲をそそる組み合わせです。
夏のお弁当は味つけを少し濃いめにします。

れんこん入り肉団子

材料・3〜4人分
れんこん入り肉団子のタネ
　豚ひき肉　150〜200g
　れんこん　½節
　しょうが　1かけ
　長ねぎ　4cm
　塩　少々
　酒　小さじ2
　卵　小1個
　片栗粉　大さじ1
片栗粉　適量
揚げ油　適量
甘酢
　米酢　大さじ3
　メープルシロップまたはみりん
　　大さじ2〜3
　しょうゆ　大さじ1½
　水　大さじ3

1　れんこん入り肉団子のタネを作る。れんこんは皮をむいて酢水につけ、5mm角くらいに切り、水気を拭きとる。しょうがと長ねぎはみじん切りにする。
2　ボウルにひき肉を入れ、1、塩、酒、卵、片栗粉を加え、粘りが出るまで練る。ひと口大に丸める。
3　揚げ油を中温に熱し、2に片栗粉をつけて入れ、揚げる。
4　鍋に甘酢の材料を入れて煮立て、3を加えて照りよくからめる。

菜巻きおむすび

材料・3〜4人分
高菜漬け、白菜漬け、野沢菜漬け
　などの葉　各2〜3枚
削り節　1パック
しょうゆ　少々
ご飯　2カップ分

1　漬けものの葉はおむすびを包めるくらいの大きさに切り、洗って水気を拭きとり、広げる。
2　削り節はしょうゆをたらして混ぜ、湿らせる。
3　ご飯を適量手にとり、2を中に入れてむすび、1で包む。

なすとピーマンのしょうゆ煮

材料・3〜4人分
なす　4本
ピーマン　5個
揚げ油　適量
しょうゆ　大さじ2½
酒　大さじ2½

1　なすはヘタをとり、ピーマンは種をとり、それぞれ乱切りにし、中温の揚げ油でさっと素揚げする。
2　鍋に1を入れ、しょうゆと酒を加え、汁気がなくなるまでゆっくりと煮る。

菜巻きおむすび
れんこん入り肉団子
なすとピーマンのしょうゆ煮
串団子（市販）

ししとうと桜えびの焼きめし

材料・3～4人分
ご飯　米2カップ分
ししとう　20本
長ねぎ　½本
桜えび　40g
ごま油　大さじ3
塩、こしょう　各少々
しょうゆ　大さじ1
サラダ菜　適量

1　ししとうは切り込みを入れて種をとり除き、輪切りにする。長ねぎはみじん切りにする。
2　フライパンをよく熱してごま油をなじませ、長ねぎを入れ、ご飯を加えて焼きつけるようにして炒める。
3　ししとう、桜えびを加えて炒め合わせ、塩、こしょうをふり、仕上げにしょうゆを鍋肌から加え、焼き色と香りをつけるようにしながら炒める。
4　粗熱をとってお弁当箱に詰める。別にサラダ菜を添え、サラダ菜に焼きめしを包んでいただく。

焼きめし弁当

ししとうと桜えびを具にしたシンプルな焼きめしは我が家の定番メニュー。
サラダ菜などの葉っぱにのせて包んでいただきます。
おかずは、豚肉のしょうが焼きをたっぷりのキャベツにのせたもの。
食べる頃にはキャベツがしんなりとして、これがまたおいしい！

しょうが焼き　たっぷりキャベツのせ

材料・3～4人分
豚薄切り肉　200g
ごま油　大さじ2
砂糖　大さじ1½～2
　（またはメープルシロップ
　　大さじ2～3）
おろししょうが　2かけ分
酒　大さじ3
しょうゆ　大さじ2
キャベツのせん切り　適量

1　豚肉は1枚ずつ広げて全体に片栗粉をふり、半分に折る。
2　フライパンを熱してごま油をなじませ、1を入れて両面焼く。
3　焼けたら砂糖を肉の上にふり、おろししょうがをのせる。酒としょうゆを全体に加えてからめる。
4　キャベツのせん切りたっぷりの上にのせる。

エシャロットのみそあえ

材料・3～4人分
エシャロット　6～8本
みそ　少々

1　エシャロットは葉先を切り落とし、みそを加えて混ぜる。

ししとうと桜えびの焼きめし
しょうが焼き たっぷりキャベツのせ
エシャロットのみそあえ
季節の果物（びわ、アメリカンチェリー）

つけ合わせのせん切りキャベツを混ぜてみたのが
キャベツメンチの始まり。
かれこれ25年、我が家の定番です。
とにかくキャベツたっぷりだから、副菜はサラダだけでOK。
白いご飯にも玄米ご飯にも合います。

キャベツメンチ弁当

▌キャベツメンチ

▌きゅうりとトマトのサラダ

▌ご飯

▌クルミのメープルスプレッド焼き

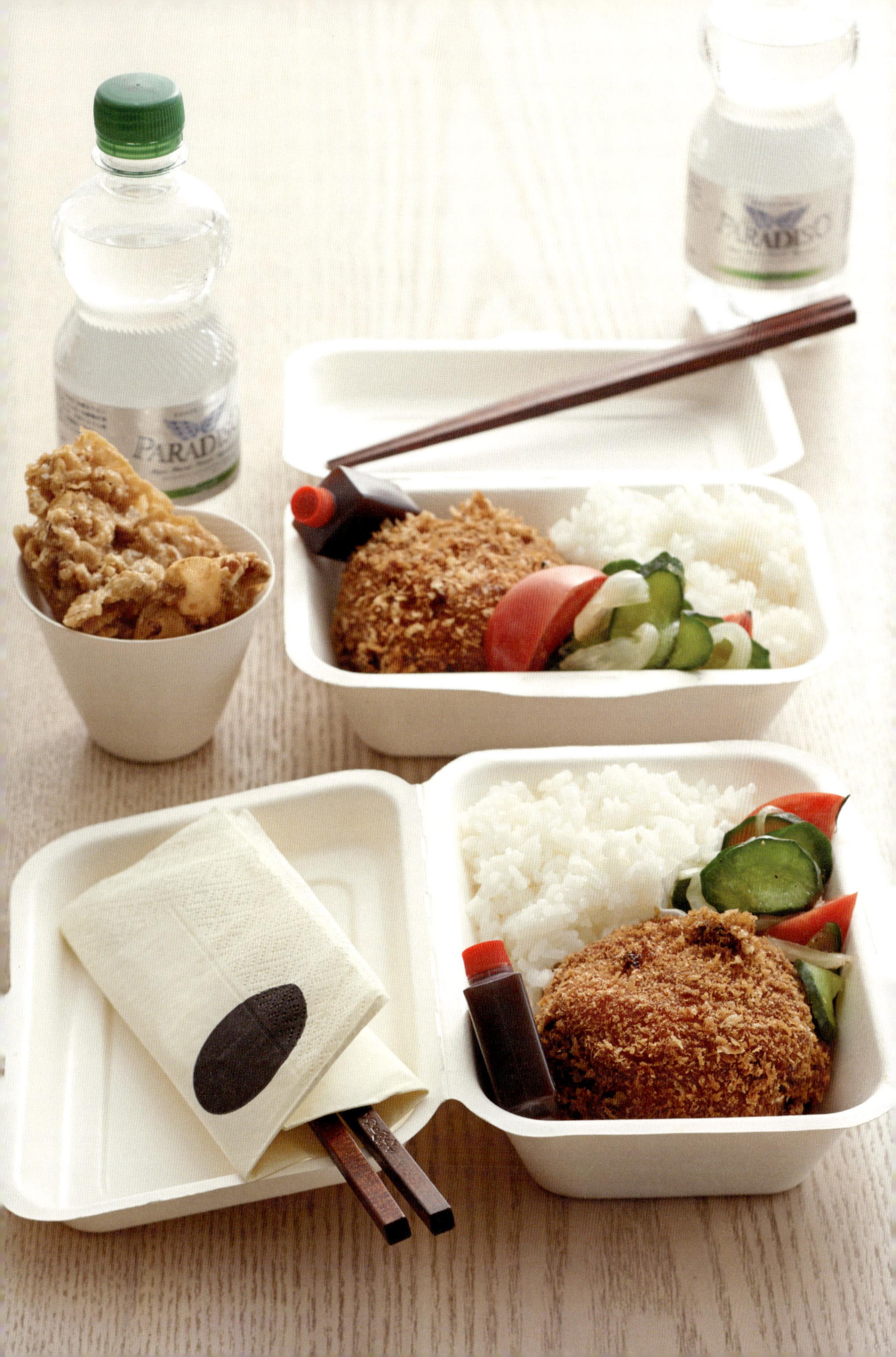
PARADISO

キャベツメンチ

材料・6人分
合いびき肉　400g
玉ねぎ　大½個
キャベツ　⅓〜½個
　（ひき肉とほぼ同じ
　カサになる量）
塩　小さじ½
こしょう　適量
卵　2個
パン粉　1カップ
衣
｜小麦粉、溶き卵、パン粉　各適量
揚げ油　適量
薬膳ソースまたは好みのソース　適量

1　玉ねぎは粗みじん切りにする。キャベツは5mm幅のせん切りにする。
2　ボウルにひき肉、1、塩、こしょう、卵、パン粉を入れてしっかりと混ぜ、6つに分けて空気を抜くようにして形作る。
3　小麦粉、溶き卵、パン粉の順に衣をつけ、さらに、溶き卵、パン粉の順に衣を2度づけし、しっかりとした衣にする。
4　揚げ油を中温よりやや低めに熱し、3を入れて7〜8分かけてゆっくりと揚げ、最後に油の温度を上げてカリッときつね色に揚げる。
5　ソースを別容器に入れて添える。

きゅうりとトマトのサラダ

材料・6人分
きゅうり　2〜3本
玉ねぎ　小1個
トマト　2個
塩　適量
オリーブオイル　大さじ2
こしょう、しょうゆ　各少々

1　きゅうりは小口切りにし、玉ねぎは薄切りにする。ボウルに合わせ、塩をふって手でもみ、水気が出たらギュッと絞る。
2　1をボウルに戻し、オリーブオイル、こしょう、しょうゆを加えてあえる。
3　トマトはヘタをとってくし形に切る。
4　2に3を加えてざっと混ぜる。

甘味として
クルミのメープルスプレッド焼き

材料・作りやすい分量
クルミ　½カップ
メープルスプレッド
　⅓カップ
粗塩　少々

1　クルミは粗く砕く。
2　ボウルに1、メープルスプレッドを入れて混ぜる。
3　耐熱性のバットまたは天板にオーブンシートを敷き、2をのせて平らにし、190℃のオーブンで20分ほど焼く。
4　オーブンから出してそのまま冷まし、しっかりとかたまったら食べやすい大きさに手で割り、粗塩をふる。

ファーマーズマーケットでも、
キャベツメンチのランチボックス

東京・玉川田園調布のケヤキガーデンで、月1回(不定期)行われるファーマーズマーケット。
その日に限って、私たちスタッフもファーマーズカフェをオープンし、ランチをお出しします。
メニューは毎月違いますが、キャベツメンチの月もあり、
そのインパクトのあるランチボックスはなかなかの人気です。

ファーマーズマーケットはいつも11時から。お客さまはもう並んで待っています。

この日のメニューはキャベツメンチ。狭いスペースでの開催なので、お持ち帰りもできるようなランチボックス仕立て。家で作るキャベツメンチとまったく同じレシピで、大きな大きなキャベツメンチを作り、2個ずつじっくりと揚げていきます。その間に、玄米ご飯、ひじきの煮もの、生野菜、キャベツメンチ用に薬膳ソース、甘味としてキャンディを準備。ひじきの煮ものはp.22やp.66のように前日に用意しておきます。

ランチボックスが並んだテーブルの上は圧巻。粗熱がとれたら1個ずつふたをしてお箸とナフキンをセット。仕出し屋さんのように大きな籠に詰め込んで、キッチンからファーマーズカフェまで持っていきます。知っている顔の方もいる。はじめていらっしゃる方もいる。お弁当のふたをあけたときのみんなのうれしそうな顔を想像すると、不思議とワクワクします。「おいしかった!」のひと言が一番うれしい。

part 3 | 行楽のお弁当

桜が咲いたり、木の葉が色づいてきたり……、季節を感じながらお弁当を広げるのは格別です。外でみんなと食べるだけでも楽しいですが、おいしくて見た目に美しければ楽しみはなおさら。作る側もちょっと気合いを入れて作りましょう。

　外に持って行くものですから、いたみにくくするために少し濃いめの味をつけたり、汁気が出ないようなおかずを選ぶなどの配慮が必要です。ふたをあけたときに片寄ったり、味が混ざってしまわないように、詰め方も大切。詰めすぎず、ゆるすぎずのほどよい詰め方を工夫するとよいですね。

　お花見や紅葉狩りなら、お酒とおつまみからはじまって、ちょっとごちそうのおかずや〆のご飯、お茶、そして食後の甘いもの……とひと通りのコース仕立てにすると、満足度がとても高いお弁当になります。家でのおもてなしと同じ考え方でやってみましょう。お茶も忘れずにたっぷりと用意。和食のお弁当ならほうじ茶がおすすめ。水筒に入れても、緑茶より味が変わりにくく、ご飯もおいしくいただけます。

お花見弁当

多摩川の土手に桜が咲く頃、春のお弁当を作りたくなります。
たけのこ、菜の花、ふき、うど、木の芽、桜麩……、
春の食材をふんだんに使った、ちょっと贅沢なお花見弁当。
手まりずしは食べやすく可愛らしく、人気。やさしい作り方を紹介します。

| 小鯛の手まりずし
| 桜麩の牛肉巻き
| ふきのおかか煮
| たけのこの木の芽まぶし
| やりいか、うど、菜の花の酢みそ
| うどの皮のきんぴら
| せりのお浸し
| グレープフルーツと甘夏
| よもぎ麩と小豆

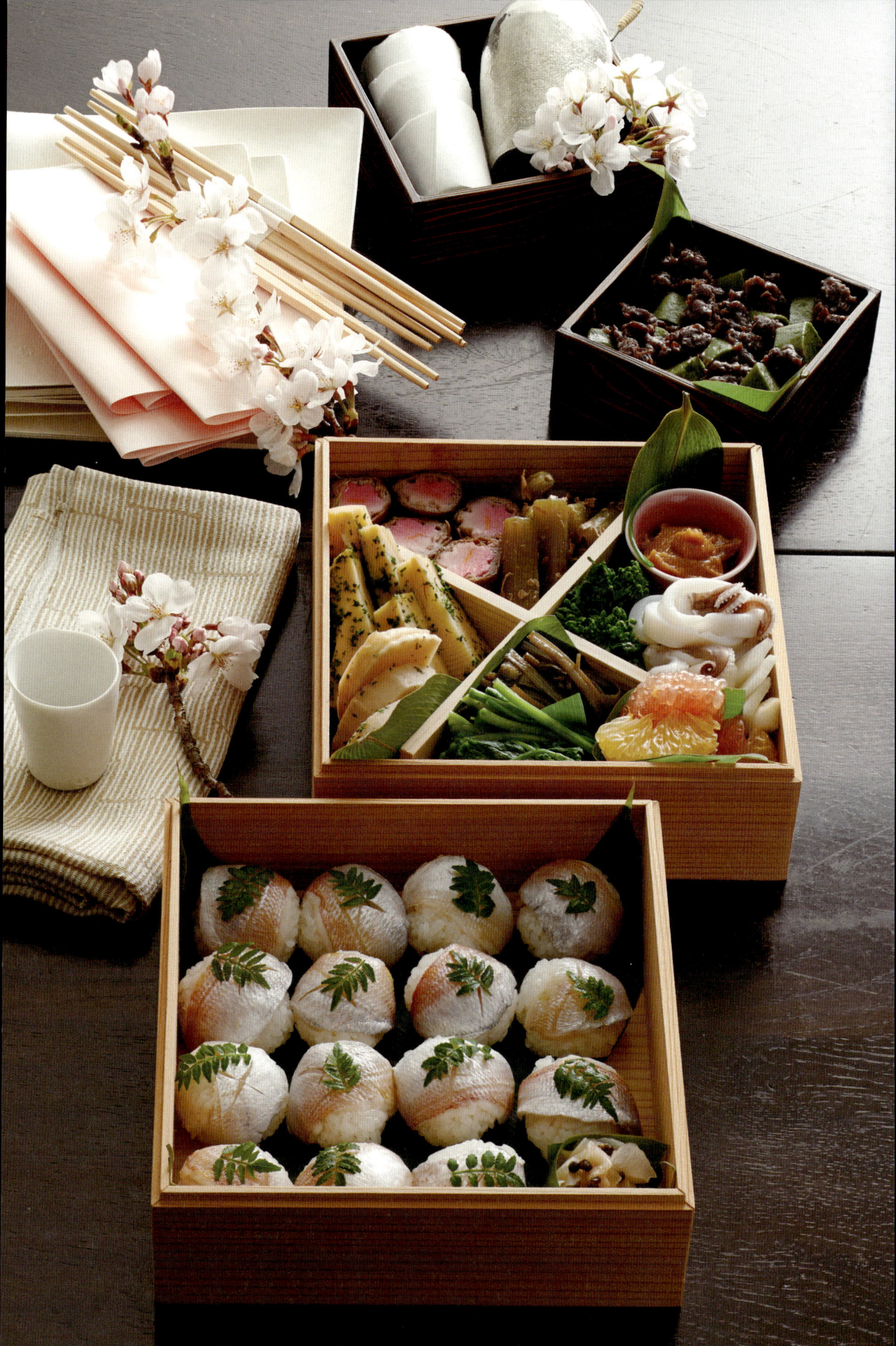

小鯛の手まりずし

材料・5〜6人分
小鯛の笹漬け(市販) 小2樽
木の芽 15〜20枚
すしめし(p.86参照)
　米2カップ分
がり&実山椒のつくだ煮 適量

1　すしめしは小さい団子状に丸めておく。
2　小鯛の笹漬けは表面に十文字の切り込みを入れる。
3　ラップを手のひらにとり、2を皮目を下にしてのせ、すし飯をのせ、ラップを絞って形を整える。ラップをはずし、木の芽をのせる。
4　お弁当箱に詰め、がりと実山椒のつくだ煮を合わせて添える。

ふきのおかか煮

材料・作りやすい分量
ふき 2本
だし汁 ½カップ
削り節 1パック
酒 大さじ2
しょうゆ 大さじ1

1　ふきは鍋に入る長さに切り、塩少々(分量外)で板ずりし、熱湯で色よくゆでて冷水にとり、水気をきる。筋を両端からとり、4〜5cm長さに切る。
2　鍋にだし汁、1を入れて火にかけ、削り節、酒、しょうゆを加えて汁気がなくなるまで煮る。

桜麩の牛肉巻き

材料・作りやすい分量
桜麩 2本
牛もも薄切り肉 大2枚
ごま油 少々
酒 大さじ1強
みりん 大さじ1
しょうゆ 大さじ1

1　桜麩に牛肉を巻きつける。
2　フライパンを熱してごま油をなじませ、1を入れて転がしながら焼く。酒、みりんを加えてひと煮立ちさせ、しょうゆを加えてからめる。
3　冷ましてから食べやすい大きさに切り分ける。

たけのこの木の芽まぶし

材料・作りやすい分量
たけのこ(ゆでたもの) 1本
だし汁 1½〜2カップ
酒 大さじ1
塩 小さじ⅔
しょうゆ 小さじ1
木の芽 20枚

1　たけのこは根に近い部分は1cm厚さの輪切りにし、穂先は縦にくし形に切る。
2　鍋に1、だし汁、酒、塩、しょうゆを入れて火にかけ、落としぶたをして静かに30〜40分煮る。そのまま冷まして味を含ませる。
3　木の芽はみじん切りにする。
4　たけのこの汁気を軽くきり、3をまぶす。

やりいか、うど、菜の花の酢みそ

材料・作りやすい分量
やりいか　1ぱい
うど　½本
菜の花　1束
酢みそ
　みそ　大さじ1
　米酢　大さじ½
　メープルシロップ　大さじ½（または砂糖小さじ1）
　練り辛子　少々

1　やりいかは胴と足に分け、胴は皮をむいて5〜6mm幅の輪切りにし、足は食べやすい長さに切る。塩少々（分量外）を加えた熱湯でさっとゆで、ザルに上げて水気をきる。
2　うどは4cmに切って皮を厚めにむき、短冊切りにし、水溶き片栗粉（分量外）に入れてアクを抜き、洗って水気をきる。皮はきんぴらに使うのでアクを抜いておく。
3　菜の花は塩少々（分量外）を加えた熱湯でゆで、ザルに上げて水気を絞る。
4　酢みその材料は混ぜ合わせる。
5　1、2、3をお弁当箱に詰め、別容器に酢みそを入れて添える。酢みそをつけていただく。

うどの皮のきんぴら

材料・作りやすい分量
うどの皮　1本分
ごま油　小さじ1
赤唐辛子　1本
酒　小さじ2
しょうゆ　小さじ2

1　うどの皮は縦細切りにする。
2　鍋を熱してごま油をなじませ、1を入れて炒める。赤唐辛子、酒、しょうゆを加えて炒り煮にする。

せりのお浸し

材料・作りやすい分量
せり　1束
酒　小さじ1強
しょうゆ　小さじ1

1　せりはさっとゆで、ザルに上げて水気をきり、4〜5cm長さに切る。
2　ボウルに酒としょうゆを合わせ、1を加えてあえる。
3　汁気を絞ってお弁当箱に詰める。

甘味として
グレープフルーツと甘夏

材料・作りやすい分量
グレープフルーツ
　（ピンク）　1個
甘夏　1個

1　グレープフルーツと甘夏はそれぞれ薄皮をむき、合わせる。

甘味として
よもぎ麩と小豆

材料・作りやすい分量
あずきの甘煮
　大納言小豆　200g
　グラニュー糖　180g
　和三盆糖　大さじ2
　塩ひとつまみ
よもぎ麩　1本

1　あずきの甘煮を作る。あずきは洗って鍋に入れ、たっぷりとかぶるくらいの水を加えてひと晩つけておく。
2　1をつけ汁ごと火にかけ、3回ゆでこぼし、アクや渋みをとり除く。新たにかぶるくらいの水を加えて火にかけ、あずきがやわらかくなるまで弱火で4〜5時間ゆでる。煮上がり時はゆで汁がひたひたになるようにする。
3　別鍋にグラニュー糖と和三盆糖、塩を入れ、2のあずきを汁ごと静かに入れ、15分ほど静かに煮る。
4　よもぎ麩を食べやすい大きさに切り、汁気をきった3のあずきの甘煮適量とともにお弁当箱に詰める。

- おいなりさん
- 細巻き
- かつおの竜田揚げ
- さやいんげんの青じそみそ巻き
- 水菜の塩もみ すだち添え
- キウイフルーツ

おいなりさんと細巻き弁当

手で食べられるおいなりさんとのり巻きが主役。
おいなりさんの油揚げはほんのり甘めに煮て、
半分はそのまま使い、半分は袋を裏返して使います。
すしめしも、ごま入りとゆず入りです。
つわぶきの若葉を仕切りに用い、
細巻きといっしょに詰め合わせて華やかに。
おかずは、しっかりとした味のものをとり合わせます。

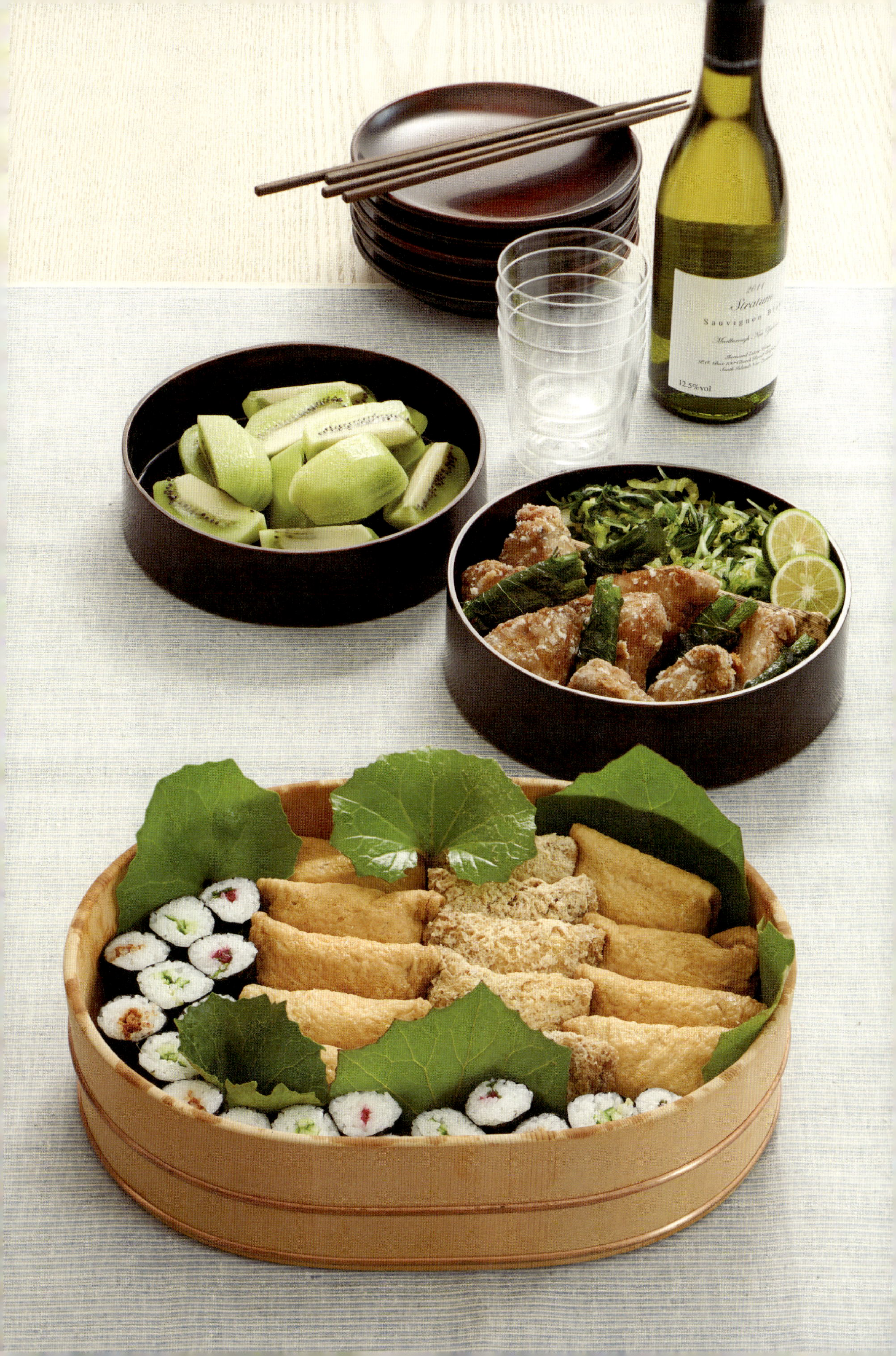
2011
Sauvignon
12.5%vol

おいなりさん

材料・作りやすい分量
油揚げ　10～12枚
だし汁　2カップ
メープルシロップ　70㎖
　（または砂糖50g）
しょうゆ　70㎖
塩　小さじ1/3
すしめし
　米　3カップ
　米酢　80㎖
　砂糖　大さじ2 1/2
　塩　小さじ2/3
ゆずの皮のあられ切り　1個分
金炒りごま　大さじ3

1　油揚げを煮る。油揚げは熱湯にくぐらせて油抜きをし、両手ではさんで水気をしっかりと絞り、半分に切って袋状に開く。
2　銅鍋に**1**を真ん中を空けてドーナツ状に並べ（銅鍋でない場合は竹の皮を敷く）、だし汁、メープルシロップ、しょうゆ、塩を加え、落としぶたをして弱火で煮る。ときどき真ん中の穴から煮汁を全体に回しかけたり、落としぶたで油揚げを押しつけて汁気をよく吸わせる。
3　汁気がほんの少し残っている程度まで煮、火を止めてそのまま冷ます。両手ではさんで汁気をきり、半量はそのまま、半量は袋を裏返す。
4　すしめしを作る。米は洗ってすしめし用に炊く。米酢、砂糖、塩は混ぜ合わせてすし酢を作る。
5　ご飯が炊き上がったらボウルに移し、すし酢を回しかけ、切るように混ぜて粗熱をとる。
6　1/3量にはゆずの皮を混ぜ、1/3量にはごまを混ぜ、ひと口サイズの俵形にまとめる。残り1/3量はのり巻き用に使うのでとっておく。
7　そのままの油揚げにはゆずの皮入りのすしめしを詰め、裏返した油揚げにはごま入りのすしめしを詰め、形を整える。

細巻き

材料・3本分
すしめし（おいなりさんの
　作り方4〜5を参照）
　240g
焼きのり
　（半分に切ったもの）　3枚
きゅうり　1本
金炒りごま　適量
削り節　2パック
しょうゆ　少々
梅肉　適量

1　きゅうりはせん切りにする。
2　削り節はしょうゆをたらして湿らせる。
3　巻きすの上に焼きのりを横にしておき、すしめし80gを向こう1cmほど空けて広げる。1のきゅうりをのせ、ごまをふり、巻きすを使って手前からいっきに巻き込む。同様にして、2のおかか巻き、梅肉巻きも作る。
4　巻き終わりを下にして少しおき、食べやすい長さに切る。

かつおの竜田揚げ

材料・5〜6人分
かつお　½さく
下味
　おろししょうが　1かけ分
　酒　大さじ1
　しょうゆ　大さじ3〜4
片栗粉　適量
揚げ油　適量

1　下味の材料は混ぜ合わせる。
2　かつおは1cm厚さに切り、1に1時間ほどつける。
3　汁気をきり、片栗粉をまぶしつけ、中温に熱した揚げ油でカラリと揚げる。

さやいんげんの青じそみそ巻き

材料・5〜6人分
さやいんげん（ゆでたもの）
　5〜6本
青じそ　5〜6枚
みそ　適量
サラダ油　少々

1　さやいんげんは半分に切り、みそをぬった青じそで巻く。
2　フライパンを温めてサラダ油をなじませ、1を焼く。

水菜の塩もみすだち添え

材料・5〜6人分
水菜　4〜5株
キャベツ（内側の葉）　2枚
塩　適量
すだち　1個

1　水菜はざく切りにし、キャベツは刻む。ボウルに合わせ、塩をふって手でもむ。水気が出たら絞る。
2　お弁当箱に詰め、すだちを半分に切って添える。すだちを搾っていただく。

甘味として キウイフルーツ

キウイフルーツ4個は皮をむき、縦4つに切る。

- きゅうりずし
- 根菜入りあじのつみれ揚げ
- そら豆の塩ゆで
- 新さつまいもの甘煮
- 小玉すいか

きゅうりずし弁当

夏の行楽弁当は、シャキシャキきゅうりたっぷりの混ぜずし。
みょうが、青じそ、新れんこんを入れて夏の香りを楽しみます。
おかずは、夏が旬のあじと新ごぼうを使ったつみれ揚げ。
夏のお弁当にぴったりのおかずです。
ビールのおともにそら豆、ほんのり甘いさつまいも、
甘味と水分補給に小さいすいかを用意。

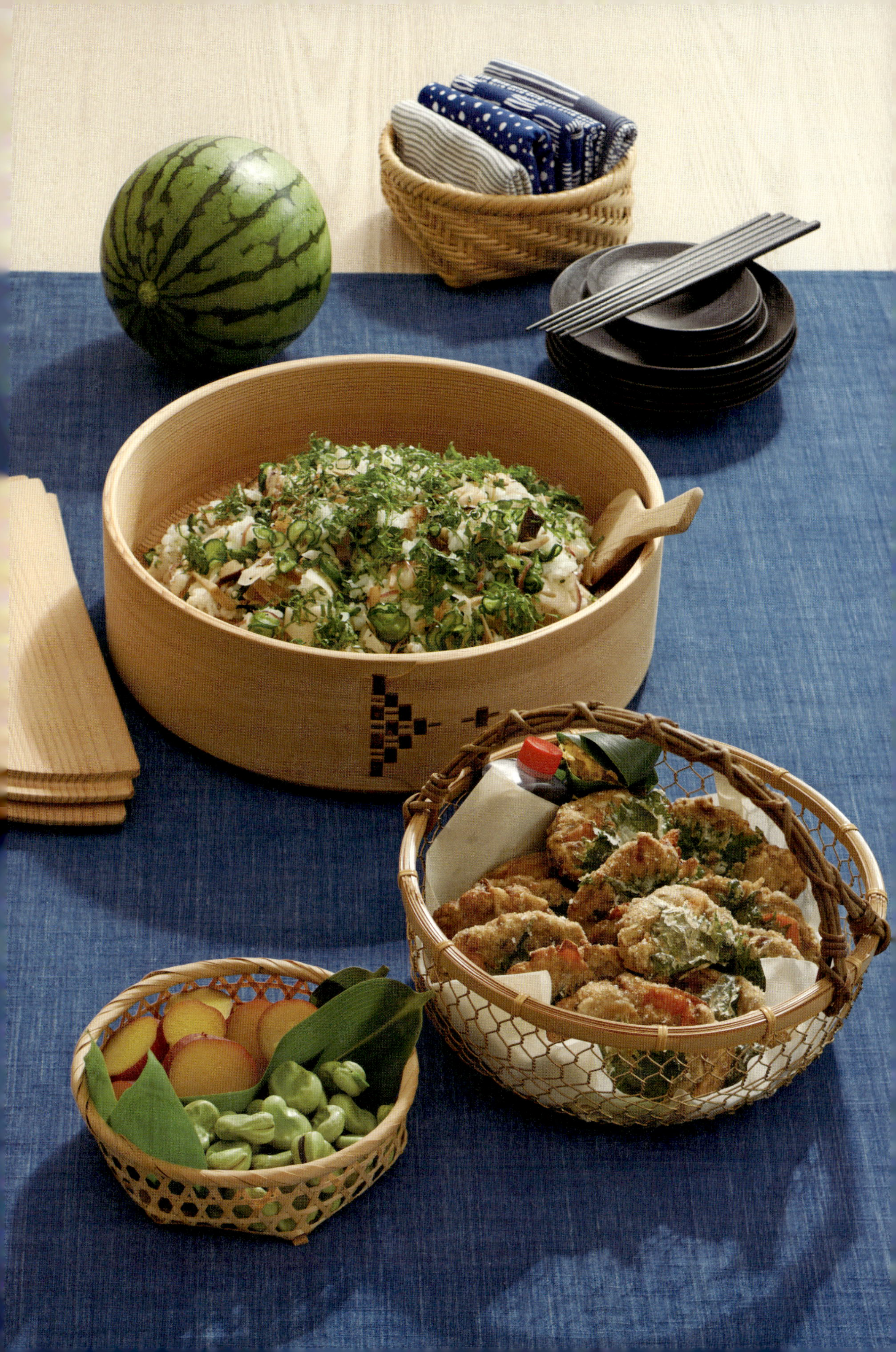

きゅうりずし

材料・作りやすい分量
すしめし(p.86参照) 米3カップ分
きゅうり 5本
みょうが 4個
しいたけ煮
　干ししいたけ 4枚
　しいたけの戻し汁
　　しいたけがかぶるくらい
　酒 大さじ2
　みりん 大さじ2
　しょうゆ 大さじ1強
新れんこんの甘酢漬け
　新れんこん 1節
　米酢 大さじ2
　砂糖 小さじ2
　　(またはメープルシロップ大さじ1)
　塩 少々
青じそ 20枚

1 しいたけ煮を作る。干ししいたけは水で戻し、水気を絞って鍋に入れる。しいたけの戻し汁をかぶるくらい注ぎ入れ、酒、みりん、しょうゆを加えて煮る。汁気をきって細切りにする。

2 新れんこんの甘酢漬けを作る。れんこんは皮をむいて薄切りにし、酢少々（分量外）を入れた熱湯でさっとゆでる。米酢、砂糖、塩を混ぜ合わせた甘酢につける。

3 きゅうりはごく薄切りにして、海水くらいの塩水につけ、しんなりしたらさらしの布巾で水気をしっかりと絞る。みょうがは薄切にする。青じそはせん切りにする。

4 すしめしに青じそ以外の具を汁気をしっかりときって混ぜ合わせ、お弁当箱に入れて青じそをのせる。

根菜入りあじのつみれ揚げ

材料・作りやすい分量
あじ（3枚におろしたもの）
　　中5尾分
卵　大1個
片栗粉　適量
にんじん　½本
新ごぼう（細いもの）　1本
新れんこん　小1節
青じそ　12〜13枚
揚げ油　適量
しょうゆ、練り辛子　各適量

1　にんじんは皮をむいて大きめのささがきにし、ごぼうは皮を洗ってささがきにする。れんこんは薄い半月切りにする。
2　あじは適当な大きさに切ってフードプロセッサーに入れ、卵、片栗粉大さじ1を加えてよく撹拌し、すり身状にする。
3　2をボウルにとり出し、1を加えてしっかりと混ぜ合わせる。
4　3を12〜13等分にし、楕円形に整え、青じそを巻いて形を整え、片栗粉を薄くつける。
5　揚げ油を中温に熱し、4を入れてきつね色にカリッと揚げる。
6　お弁当箱などに詰め、しょうゆ、練り辛子を添える。

そら豆の塩ゆで

そら豆適量はさやから出し、塩少々（分量外）を加えた熱湯でゆで、ザルにあげて冷ます。

新さつまいもの甘煮

材料・作りやすい分量
新さつまいも　2本
グラニュー糖　½カップ
酒　⅓カップ
塩　小さじ½

1　さつまいもは皮つきのまま7〜8mm厚さに切る。竹串が少し刺さるくらいまで水からゆで、ゆでこぼす。
2　1の鍋にグラニュー糖、酒、塩を加え、新たに水をひたひたに注ぎ入れる。弱火で静かに煮る。火を止め、冷めるまでおいて味を含ませる。

甘味として 小玉すいか

丸ごと持っていき、いただくときに切り分ける。

きのこの炊き込みご飯弁当

行楽弁当は季節感が大切。
秋はきのこのお弁当です。
冷めてもおいしい炊き込みご飯をメインにし、
卵焼きと青菜をおかずにします。
こんなお弁当を持って紅葉狩りに行きたいですね。

| きのこの炊き込みご飯

| 青菜のごまあえ

| かに入り卵焼き

| 新しょうがの梅酢漬け

| 栗の渋皮煮

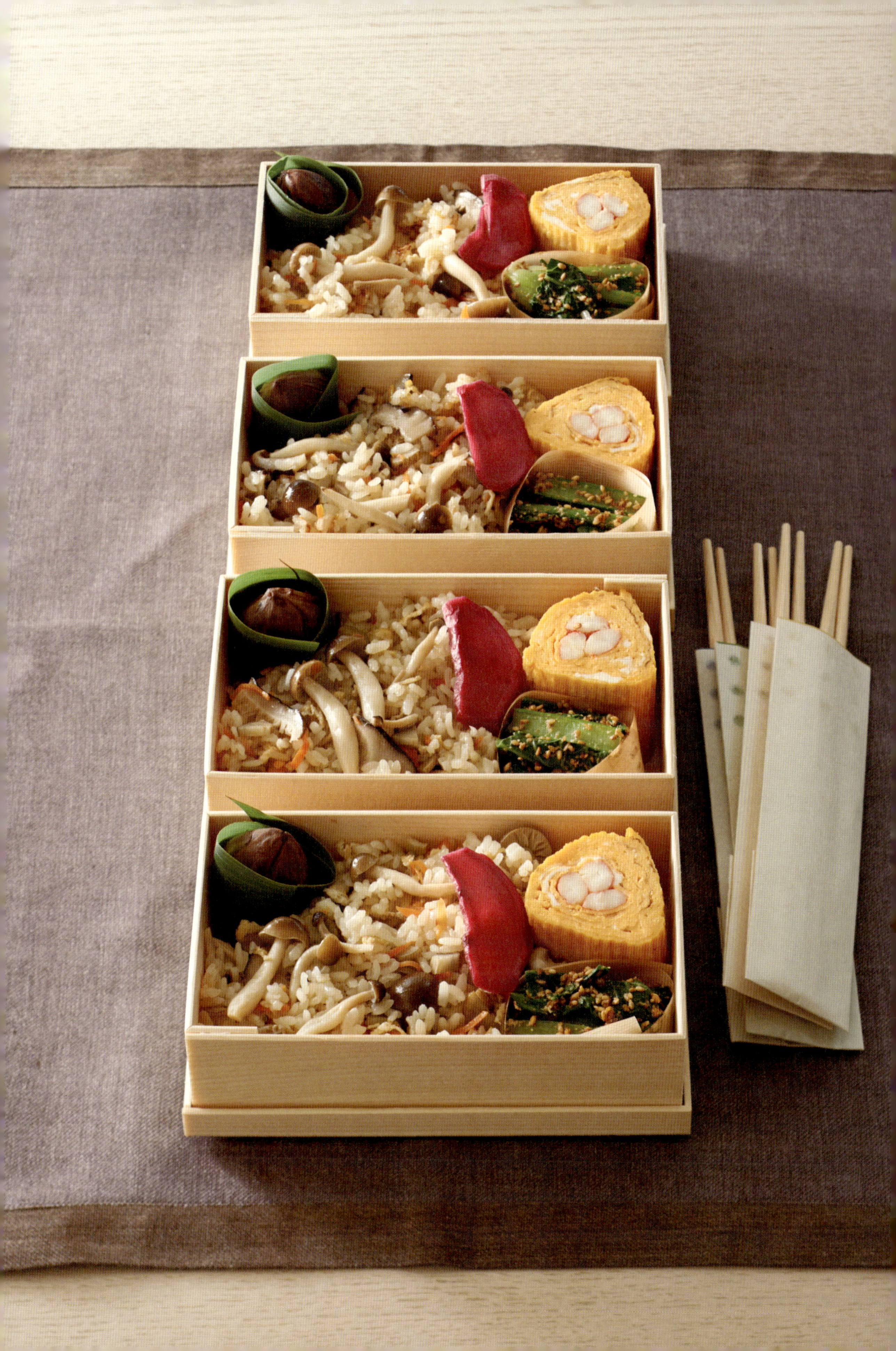

きのこの炊き込みご飯

材料・作りやすい分量
米　3カップ
昆布　5cm
水　米の1割増
しめじ　2パック
油揚げ　1枚
にんじん　½本
酒　大さじ3
しょうゆ　大さじ2
塩　少々

1　米は洗ってザルに上げる。昆布は分量の水に浸しておく。
2　しめじは石づきをとって1本ずつにほぐし、油揚げは油抜きをして開いて2枚にし、細切りにする。にんじんは皮をむいて食べやすい長さの細切りにする。
3　鍋に米、昆布、昆布を浸した水、酒、しょうゆ、塩を入れて混ぜ、油揚げ、にんじん、しめじの順に広げてのせる。
4　ふたをして中火にかけ、沸騰してきたら弱火にし、20分ほど炊く。
5　火を止めて5分ほど蒸らし、上下を返す。

青菜のごまあえ

材料・作りやすい分量
青菜（小松菜、青梗菜など）　1束
白半ずりごま　大さじ4〜5
しょうゆ　小さじ2

1　青菜は洗い、塩少々（分量外）を加えた熱湯でゆで、ザルに上げて冷まし、水気を絞る。食べやすい長さに切り、さらに水気をしっかりと絞る。
2　ボウルにごまを入れ、しょうゆを加えて混ぜ、**1**を加えてあえる。

かに入り卵焼き

材料・作りやすい分量
卵　4個
ずわいがにの足棒肉　6本分
酒　大さじ1
塩　小さじ¼
砂糖　大さじ1½
　（またはメープルシロップ大さじ2〜3）
サラダ油　適量

1　卵はボウルに溶きほぐし、酒、塩、砂糖を加えて混ぜる。
2　卵焼き器を熱してサラダ油をなじませ、**1**をお玉1杯分流して広げる。半熟になってきたら、かにをのせて巻く。
3　**2**を手前に寄せ、空いたスペースに**1**をお玉1杯分流して広げ、半熟になってきたら、奥から手前に巻く。これを繰り返し、卵焼きを仕上げる。
4　焼き上がったら巻きすにとって巻き、粗熱がとれたら食べやすい大きさに切り分ける。

新しょうがの梅酢漬け

材料・作りやすい分量
新しょうが　大2個
赤梅酢　適量

1　新しょうがは保存瓶に入る大きさに切り、熱湯にさっとくぐらせて水気を拭き、保存瓶に入れる。
2　**1**に赤梅酢をかぶるくらいまで注ぎ入れ、色が真っ赤に染まるまで1ヶ月ほど漬ける。
3　汁気をきって薄切りにする。

甘味として 栗の渋皮煮（いただきもの）

汁気をきってお弁当箱に詰める。市販品でも。

part 4 | 家でいただくお弁当

お弁当はいわばワンプレートメニューです。お客さまを迎えるときのお食事、ちょっとした集まりやお誕生日会など、お弁当仕立てにすると、おもてなしがとっても楽になります。

　使う器は、塗りの縁高や陶器の重箱など。重箱タイプの器に料理を盛り込めば、気軽でありながら、きちんとした感じが出て、華やかな雰囲気。懐石のお弁当を家でのおもてなしに大いに応用してみましょう。そこには家庭でのおもてなしにとり入れたいことがたくさんあります。極めて無駄がなく合理的で、その上美しさに溢れています。盛りつけのポイントは、3、5、7……と奇数で盛りつけること、また、ほかの章のお弁当と同様、仕切りには笹の葉、葉蘭、竹の皮など自然素材のものを使うと、ぐっと高級感が出て、いつもの料理がごちそうに見えます。

　簡単な汁ものがあれば、なおよいですね。おいしいお茶を用意することも忘れずに。仕出し屋さんではない、手作りのお弁当こそ、最高のおもてなしになると思います。

- そら豆とえびのかき揚げ
- にんじんのたらこあえ
- 鶏肉と里芋の酒煮
- 鮭の照り焼き
- 菜の花のお浸し
- 卵巻きご飯
- 粟麩のみそ汁
- 上生菓子

おもてなし弁当

素材、調理法、味わい、食感、彩り……、
すべてのバランスを考えて詰めた、お重のお弁当。
和食ならではの、華やかなおもてなしです。
お弁当仕立てにしておくと
もてなす側も最初から席につくことができるのが魅力です。

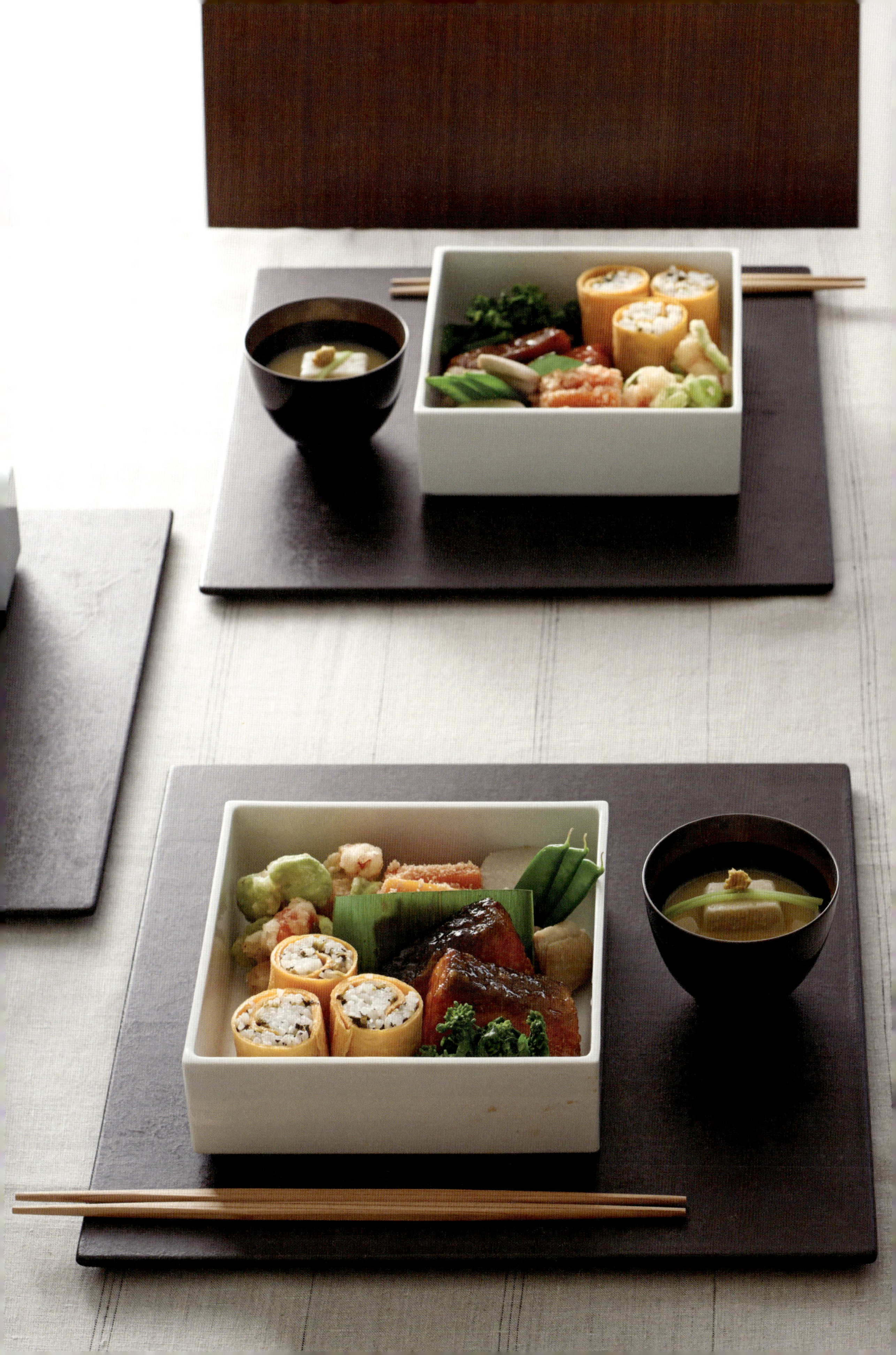

そら豆とえびのかき揚げ

材料・4人分
そら豆（さやつき）　8本
えび（無頭・殻つき）　4尾
小麦粉　大さじ3
水　適量
揚げ油　適量
塩　少々

1　そら豆はさやから出して薄皮をむく。えびは背ワタと尾をとって殻をむき、4つに切る。
2　ボウルに1を入れ、小麦粉を加えてまぶし、水を小さじ1ずつ加えていき、具材同士がくっつく程度にまとめる。
3　揚げ油を中温に熱し、2を適量ずつ入れ、うっすらと色づくまでカラリと揚げる。
4　熱いうちに塩をふる。

にんじんのたらこあえ

材料・作りやすい分量
にんじん　1本
たらこ　1腹
酒　小さじ1

1　にんじんは皮をむいて拍子木切りにする。水からゆで、ザルに上げて水気をきる。
2　たらこは薄皮をとる。
3　鍋に2と酒を入れてから炒りし、たらこがポロポロになったら火を止め、1を加えてあえる。

鶏肉と里芋の酒煮

材料・作りやすい分量
鶏もも肉　½枚
里芋　小6〜8個
ごま油　小さじ2
酒　¼カップ
みりん　大さじ1
だし汁または水　適量
塩　小さじ⅓
しょうゆ　小さじ1
絹さや　適量

1　鶏肉は2〜3cm角に切る。里芋は皮をむき、大きめのものは半分に切る。
2　鍋を熱してごま油をなじませ、鶏肉を入れて炒め、酒とみりんを加えて煮立て、アルコール分を飛ばす。だし汁をひたひたに加え、里芋を入れ、紙ぶたをして弱火で煮る。アクはていねいにとる。
3　里芋が少しやわらかくなったら塩としょうゆを加えてさらに煮る。そのまま冷まして味を含ませる。
4　絹さやは筋をとり、塩少々（分量外）を加えた熱湯でさっとゆでる。
5　3の汁気をきってお重に詰め、4を添える。

鮭の照り焼き

材料・4人分
生鮭　4切れ
塩　適量
片栗粉　適量
ごま油　大さじ2
酒　大さじ2½
メープルシロップ　大さじ2
　（またはみりん大さじ2強）
しょうゆ　大さじ1

1　鮭は軽く塩をふって15分ほどおき、水気を拭きとる。2つに切り、片栗粉をまぶし、余分な粉ははたき落とす。
2　フライパンを熱してごま油をなじませ、**1**を入れて両面焼く。
3　**2**のフライパンの焼き油をペーパータオルなどで拭きとり、酒、メープルシロップを加えて煮立て、しょうゆを加え、鮭に味をからめる。

卵巻きご飯

材料・作りやすい分量
薄焼き卵
　卵　3個
　塩　少々
　酒　大さじ1½
　サラダ油　少々
ご飯　1½カップ
漬けもの（古漬けなど）　適量

1　薄焼き卵を作る。卵はボウルに割りほぐし、塩と酒を加えて混ぜ、漉す。
2　卵焼き器を熱してサラダ油をなじませ、**1**の⅓量を流し入れて広げ、薄焼き卵を作る。同様にしてあと2枚焼く。
3　ご飯をボウルに入れ、漬けものをみじん切りにして加え、混ぜ合わせる。
4　巻きすに薄焼き卵1枚をのせ、**3**の⅓量を広げて巻き、巻きすをとってラップに包んで落ち着かせる。同様にしてあと2本作る。
5　4等分に切り分け、断面を上にしてお重に詰める。

菜の花のお浸し

材料・4人分
菜の花　1束
しょうゆ　小さじ2
だし汁　大さじ1

1　菜の花は茎元のかたいところを切り落とし、水に放してシャキッとさせる。塩少々（分量外）を加えた熱湯で色よくゆで、ザルに上げて風に当てて冷ます。
2　**1**をボウルに入れ、しょうゆとだし汁を加えて混ぜ、汁気を絞る。

粟麩のみそ汁

材料・4人分
粟麩　8cm
三つ葉の軸　4本
だし汁　3カップ
白みそ　大さじ2
赤みそ　大さじ1
練り辛子　適量

1　粟麩は2cm幅に切る。三つ葉の茎はさっとゆで、半分の長さに切る。
2　鍋にだし汁を入れて温め、白みそと赤みそを加えて溶く。
3　お椀に**1**の粟麩を入れ、アツアツの**2**を注ぎ、練り辛子と三つ葉の茎をのせる。

酒のつまみ
お弁当仕立て

お酒を楽しみながらいただく、点心スタイルのお弁当。
卵料理は、ここでは卵黄のみそ漬けを用意し、焼き魚、揚げもの、肉料理を
小さめのお重に詰め合わせます。〆のご飯は2色のおむすびに。
冷めてもおいしい料理をラインナップします。

| 牛たたき
| 卵黄のみそ漬け
| オクラの塩ゆで
| さつまいもとそら豆のかき揚げ
| あじの一夜干し
| 梅と青じその俵むすび

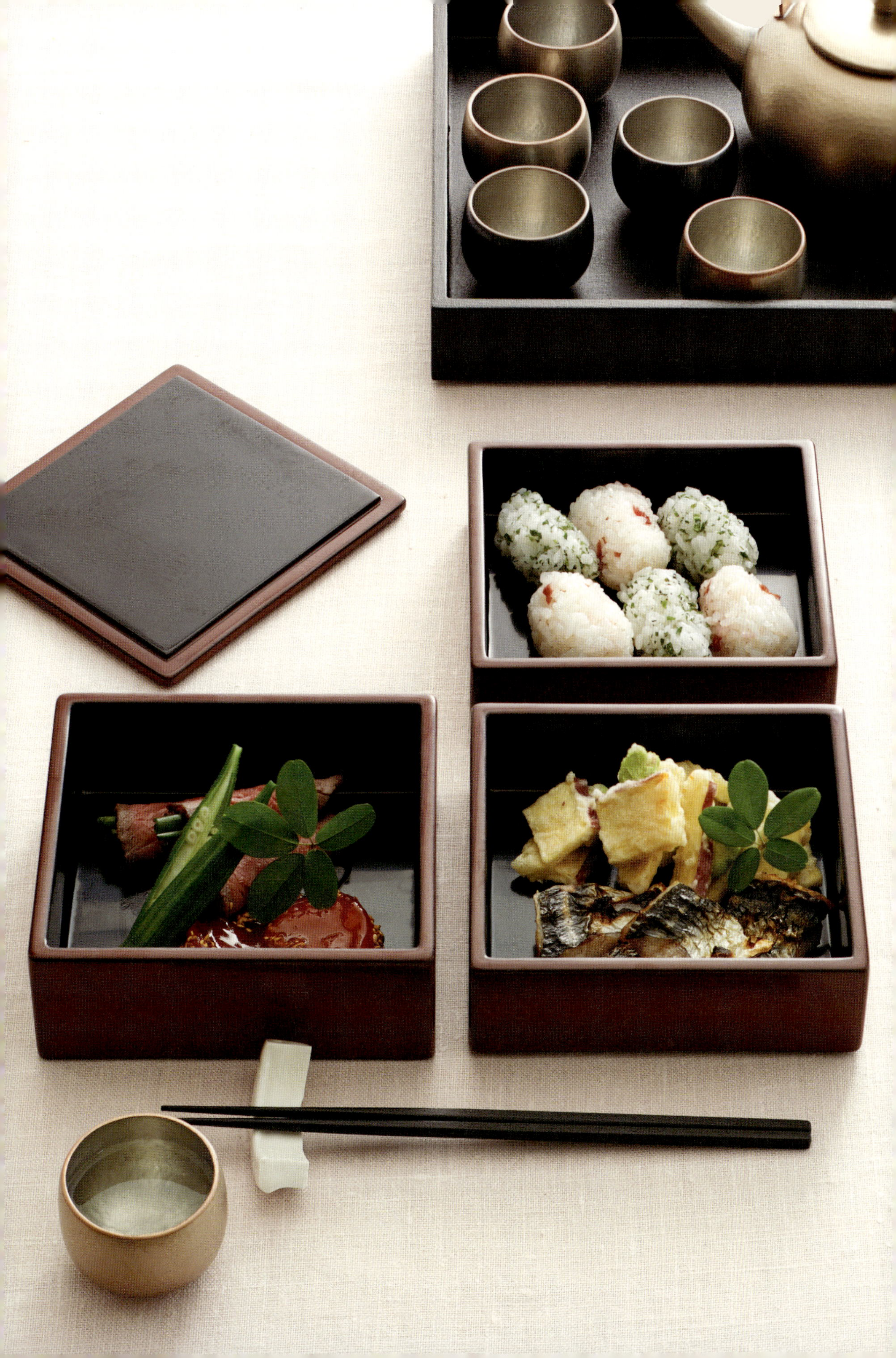

牛たたき

材料・作りやすい分量
牛かたまり肉（たたき用）
　400g
サラダ油　少々
しょうゆ　1/2カップ
あさつき　適量

1　牛肉は半分に切る。
2　フライパンを熱してサラダ油をなじませ、牛肉を入れ、表面全体をこんがりと焼く。ふたをして火を弱め、8分ほど焼く。
3　**2**にしょうゆを回しかけ、ひと煮立ちしたら火を止め、しょうゆごとボウルに移し、そのまま冷ます。
4　**3**の牛肉は薄切りにする。あさつきは牛肉の幅に合わせて切る。牛肉にあさつきを適量ずつのせ、巻く。

卵黄のみそ漬け

材料・4人分
卵黄　4個分
みそ　1カップ強
白いりごま　少々

1　保存容器にみそを入れてならし、ガーゼを敷く。
2　卵の殻のとがった方を押し当てて凹みを作り、卵黄を静かに入れ、ガーゼをかぶせて上からもみそを少しのせる。冷蔵庫で2日ほど漬ける。
3　バットなどにごまを広げ、**2**を1個ずつのせてごまをつける。

オクラの塩ゆで

材料・4人分
オクラ　4～6本

1　オクラは塩少々（分量外）をまぶしてこすり、熱湯でさっとゆで、ザルに上げて水気をきる。
2　半割りにしてお弁当箱に詰める。

さつまいもと そら豆のかき揚げ

材料・4人分
さつまいも　½本
そら豆　4本
小麦粉　大さじ4½
水　適量
揚げ油　適量
塩　少々

1　さつまいもは皮ごと薄切りにして水にさらし、水気をきる。そら豆はさやから出して薄皮をむく。
2　ボウルに**1**を入れ、小麦粉を加えて混ぜ、水を小さじ1ずつ加えていき、具材同士がくっつく程度にまとめる。
3　揚げ油を中温に熱し、**2**を小さくまとめて入れ、うっすらと色づくまでカラリと揚げる。
4　熱いうちに塩をふる。

梅と青じその俵むすび

材料・作りやすい分量
ご飯　米2カップ分
梅干し　大1個
青じそ　10枚
塩　ひとつまみ

1　梅干しは種を除いてみじん切りにする。青じそは細切りにし、冷水に放ってアクをとり、ペーパータオルに包んで絞り、水分をとる。
2　ご飯を半量ずつに分け、ひとつには梅干し、ひとつには青じそと塩を加えて混ぜる。
3　小さめの俵形にむすぶ。

あじの一夜干し

材料・4人分
あじ（3枚におろしもの）
　3尾
塩　少々

1　あじの両面に塩をふり、網やザルに並べ、ラップやふたをしないで冷蔵庫に1～2晩入れて乾燥させる。
2　食べやすい大きさに切る。
3　焼き網を熱し、**2**を両面焼く。

会合弁当

仕事のミーティングや会合のあとにちょっとしたお昼ご飯をお出しする、そんなときのお弁当です。すぐに供せるように、午前中にパパッと仕込んでお弁当箱に詰めておきます。手軽に済ませるために、おかずとご飯がいっしょになった混ぜご飯が主役。

■ 干もの混ぜご飯

材料・3〜4人分
米　2カップ
かますの干もの　2枚
枝豆（ゆでてさやから出したもの）　¾カップ強
岩のり（乾燥）　片手いっぱい
金炒りごま　大さじ5
塩　少々
しば漬け　適量

1　米はといで炊く。
2　かますの干ものは焼き網で焼き、小骨を除いてほぐす。岩のりは手でもむ。
3　炊きたてのご飯をボウルに入れ、2と枝豆、ごま、塩を加えて混ぜ合わせる。しば漬けを添える。

■ 甘味として 白玉抹茶ソース

材料・作りやすい分量
白玉粉　1カップ
水　¾〜1カップ
抹茶ソース（作りやすい分量）
　抹茶　大さじ2
　砂糖　大さじ3
　熱湯　大さじ2
　水　少々

1　ボウルに白玉粉を入れ、水を少しずつ加えて耳たぶくらいのかたさにこね、まとめる。小さい団子状に丸め、指で押して平たくつぶす。
2　鍋に湯を沸かし、1を入れてゆで、浮いてきたらすくい、冷水にとり、ザルに上げて水気をきる。
3　抹茶ソースを作る。ボウルに抹茶を入れ、砂糖を加えて混ぜ、熱湯を加えてダマがないようにすり混ぜる。水を加えてゆるめる。
4　各人の器に2を2〜3個ずつ入れ、抹茶ソース適量をかける。

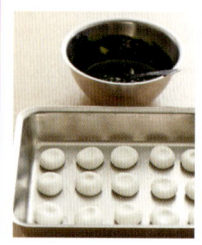

■ キャベツときゅうりの塩もみ

材料・3〜4人分
キャベツ　3枚
きゅうり　1〜2本
塩　適量

1　キャベツはせん切りにし、きゅうりは薄切りにする。
2　ボウルに1を入れ、塩を加えて手でもみ、水気が出たらしっかりと絞る。

干もの混ぜご飯
キャベツときゅうりの塩もみ
白玉抹茶ソース

index

肉のおかず

キャベツメンチ	74
牛たたき	102
牛肉とピーマンのかき油炒め	26
牛肉のごま炒め	56
こしょうチキンの卵揚げ	16
こんにゃくと牛肉のしょうが煮	52
桜麩の牛肉巻き	80
ささ身の青のり風味揚げ焼き	20
しょうが焼き たっぷりキャベツのせ	72
ターツァイのベーコン炒め	40
つくねご飯	28
鶏手羽元の素揚げ	66
鶏肉と里芋の酒煮	98
鶏のから揚げ	18
なすのひき肉炒め	54
肉じゃが	68
肉みそ＆生野菜	30
ひき肉炒めとニラの卵焼き	66
ひき肉炒めの高菜あえ	46
ひき肉春雨の春巻	32
豚天と野菜天	24
豚肉入りきんぴら	44
豚肉とほうれん草炒め	58
豚肉巻ききんぴら	22
プルーンのパンチェッタ巻き	50
れんこん入り肉団子	70
れんこんと鶏肉の甘辛炒め	48

魚介のおかず

あじの一夜干し	102
あじの干物	68
いわしの蒲焼きご飯	34
えびのベーコン巻き	36
かつおの竜田揚げ	84
根菜入りあじのつみれ揚げ	88
桜えびとにんじんの天ぷら	58
鮭の照り焼き	98
鮭のゆず風味焼き	42
さわらのカレー粉焼き	40
ししゃもとれんこんの網焼き	60
じゃこと大根菜のふりかけご飯	56
そら豆とえびのかき揚げ	98
干もののごま酢あえ	46
ぶりのみそ漬け焼き	38
ほぐし鮭	24
帆立ての塩焼き	44
焼きたらこ	54
やりいか、うど、菜の花の酢みそ	80

卵のおかず

甘い卵焼き	52
かに入り卵焼き	92
しらすとわかめの卵焼き	38
たらこと青ねぎの卵焼き	48
ひき肉炒めとニラの卵焼き	66
ゆで卵	34

| 卵黄のみそ漬け | 102 |

大豆製品・豆・生麩のおかず

厚揚げの山椒焼き	52
粟麩のみそ汁	98
桜麩の牛肉巻き	80
白花豆のはちみつ漬け	38
なすと厚揚げのひき肉炒め	54
豆みそ	40

こんにゃく・海草のおかず

こんにゃくと牛肉のしょうが煮	52
昆布のみそ漬け	54
ひじき煮と野菜	66

野菜のおかず

青菜のごまあえ	92
揚げいんげんとごぼうのおかかじょうゆ	32
アスパラガスののり巻き	36
炒めなます	68
薄甘粉ふきいも	30
うどの皮のきんぴら	80
梅干し入り塩もみ野菜	68
エシャロットのみそあえ	72
オクラの塩ゆで	102
キャベツと青じその浅漬け	52
キャベツときゅうりの塩もみ	106
キャベツの塩もみ	28
キャベツメンチ	74
牛肉とピーマンのかき油炒め	26
きゅうりとトマトのサラダ	74
きゅうりとラディッシュの塩もみ	20
きゅうりの辛み漬け	54
クレソンのおかかごまあえ	34
クレソンのお浸し	60
小松菜のお浸し	42
小松菜の塩もみ	38
根菜入りあじのつみれ揚げ	88
桜えびとにんじんの天ぷら	58
さつまいもとそら豆のかき揚げ	102
さやいんげんの青じそみそ巻き	84
塩もみ野菜のサラダ	66
ししゃもとれんこんの網焼き	60
じゃこと大根菜のふりかけご飯	56
しょうが焼き たっぷりキャベツ	72
新さつまいもの甘煮	88
新さつまいものメープルじょうゆ	20
新しょうがの梅酢漬け	92
酢ごぼう	40
スティック野菜&ピリ辛みそマヨネーズ	44
スナップえんどう	52
セミドライトマトのオイル漬け	16
せりのお浸し	80
そら豆とえびのかき揚げ	98
そら豆の塩ゆで	88
たけのこの木の芽まぶし	80

ターツァイのベーコン炒め	40		ミニトマトのメープルビネガー漬け	32
青梗菜とにんじんの練りごまあえ	36		みょうがの赤梅酢漬け	38
トマト&きゅうり	18		蒸し小芋のメープルみそあえ	42
鶏肉と里芋の酒煮	98		蒸しブロッコリー&にんじん	28
なすとピーマンのしょうゆ煮	70		蒸し野菜&ピクルスマヨネーズ	56
なすと厚揚げのひき肉炒め	54		野菜の酢油漬け	26
夏野菜のみそ炒め	18		やりいか、うど、菜の花の酢みそ	80
菜の花のお浸し	98		ゆでオクラ&おかか	26
菜の花のごま浸し	22		ラディッシュ	50
肉じゃが	68		れんこんと鶏肉の甘辛炒め	48
肉みそ&生野菜	30		れんこんの甘酢漬け	34
にんじんのたらこあえ	98			
半干しにんじんのピーナツじょうゆがらめ	46		### ご飯・パン	
ピーマンの青じそ包み焼き	24		いわしの蒲焼きご飯	34
ピーマンのさっときんぴら	16		梅と青じその俵むすび	102
ひじき煮と野菜	66		枝豆ご飯おむすび	18
ふきのおかか煮	80		おいなりさん	84
ふきのお浸し	30		おむすびとのり	66
豚天と野菜天	24		カツサンド	64
豚肉入りきんぴら	44		きのこの炊き込みご飯	92
豚肉とほうれん草炒め	58		きゅうりずし	88
豚肉巻ききんぴら	22		玄米チャーハン	60
ブロッコリーのマスタードあえ	50		玄米の黒ごまおむすび	58
ほうれん草のお浸し	48		小鯛の手まりずし	80
ほうれん草のごま油じょうゆあえ	58		ししとうと桜えびの焼きめし	72
水菜のごま塩あえ	38		じゃこ山椒のせご飯	20
水菜の塩もみ すだち添え	84		じゃこと大根菜のふりかけご飯	56
緑の野菜とトマト&手作りマヨネーズ	64		卵巻きご飯	98

つくねご飯	28
菜巻きおむすび	70
ひじきご飯	22
干もの混ぜご飯	106
細巻き	84
目玉焼きのせ玄米ご飯	50

手作りの甘味

あんずの甘煮	28
いちごのレモンマリネ	56
かぼちゃのシナモンシュガー	18
栗の網焼き	48
クルミのメープルスプレッド焼き	74
さつまいものはちみつがらめ	58
さつまいものメープルシロップ煮	54
白玉のメープルがけ	60
白玉抹茶ソース	108
白花豆のはちみつ漬け	38
新さつまいものメープルじょうゆ	20
夏みかんのピール	34
煮りんご	22
半干しにんじんのピーナツじょうゆがらめ	46
ミニトマトのメープルビネガー漬け	32
よもぎ麩と小豆	80
りんごのゆず煮	30

作りおき

あんずの甘煮	28

いちごのレモンマリネ	56
キャベツの塩もみ	28
きゅうりとラディッシュの塩もみ	20
きゅうりの辛み漬け	54
小松菜の塩もみ	38
こんにゃくと牛肉のしょうが煮	52
昆布のみそ漬け	54
さつまいものメープルシロップ煮	54
じゃこ山椒	20
白花豆のはちみつ漬け	38
新しょうがの梅酢漬け	92
酢ごぼう	40
セミドライトマトのオイル漬け	16
夏みかんのピール	34
肉みそ	30
煮りんご	22
ひき肉炒め	46・54
ひき肉春雨	32
ひじき煮	22・66
豚肉入りきんぴら	44
ぶりのみそ漬け	38
豆みそ	40
ミニトマトのメープルビネガー漬け	32
みょうがの赤梅酢漬け	38
野菜の酢油漬け	26
りんごのゆず煮	30
れんこんの甘酢漬け	34

有元葉子　Yoko Arimoto

素材の持ち味を生かし、余分なものを入れない引き算の料理が人気。自分が本当によいと思える食材と調味料を使い、心と体が納得するシンプルなおいしさを追求。
東京・田園調布で料理教室「COOKING CLASS」を主宰し、旬の食材を使ったコース仕立てのレッスンを行う。

www.arimotoyoko.com

アートディレクション：昭原修三
デザイン：種田光子（昭原デザインオフィス）
撮影：今清水隆宏
スタイリング：千葉美枝子
編集：松原京子
DTP：川端俊弘（wood house design）
プリンティングディレクター：栗原哲朗（図書印刷）

有元葉子の「和」のお弁当
（ありもとようこの「わ」のおべんとう）

2013年9月10日　第1刷発行
2024年3月26日　第8刷発行
著　者　有元葉子
発行者　渡辺能理夫
発行所　東京書籍株式会社
　　　　東京都北区堀船2-17-1　〒114-8524
電話　03-5390-7531（営業）　03-5390-7508（編集）
印刷・製本　図書印刷株式会社

Copyright © 2013 by Yoko Arimoto
All Rights Reserved.
Printed in Japan
ISBN978-4-487-80785-7 C2077 NDC596
乱丁・落丁の際はお取り替えさせていただきます。
本書の内容を無断で転載することはかたくお断りいたします。